1 x 1
für Pappenträger

1. Auflage 2001
Titelgestaltung: Nicola Gerber, Hamburg, Uwe Nawatzki, Hamburg
Titelfoto: Bodo Dretzke, Hamburg
Satz: Akus GmbH, Hamburg
Lektorat: Roger Endeward, Hamburg
Copyright: Anja Hoffmann & Miriam Kern
Druck: Books on Demand GmbH
ISBN 3-8311-2999-1

1x1 für Pappenträger

Handbuch für angehende Kontakter

Anja Hoffmann & Miriam Kern

Dankeschön
an Fred und Wolfgang
für mehrere Jahre
kostenloses
„Werberinternat" mit Elbblick.

Vorwort 8

1. Aufbau einer Werbeagentur 11
1.1. Beratung 11
1.2. Kreation 12
1.3. Produktion 14
1.4. FFF (Film/Funk/Fernsehen) 15
1.5. Artbuying 16
1.6. Marktforschung 17
1.7. Strategic Planning 17
1.8. Media 18

2. Job-Facts
2.1. Mutter Teresa oder Dr. No? 19
2.2. Ausbildung 20
2.2.1. Praktikum 20
2.2.2. Lehre zur/m Werbekauffrau/mann 20
2.2.3. Studium 22
2.2.4. Werbeakademie 24
2.2.5. Quereinstieg 25
2.3. Inhaber geführte - versus Network-Agentur 25
2.3.1. Vorteile Inhaber geführter Agenturen 27
2.3.2. Nachteile Inhaber geführter Agenturen 27
2.3.3. Vorteile von Network-Agenturen 28
2.3.4. Nachteile von Network-Agenturen 28
2.4. Bewerbung 29
2.4.1. Bewerbungsunterlagen 29
2.4.2. Bewerbungsgespräch 30

3. Grundwissen
für Kontakter relevante Bereiche 32
3.1. Kreation 32
3.1.1. Das Kampagnen-Prinzip „Symbolik" 32
3.1.2. Das Kampagnen-Prinzip
„Wort-Bild-Verschiebung" 33
3.1.3. Das Kampagnen-Prinzip „Side-by-Side" 33
3.1.4. Das Kampagnen-Prinzip „Testimonial" 34
3.1.5. Das Kampagnen-Prinzip „Story" 34
3.1.6. Das Kampagnen-Prinzip „Negative Approach" ... 35

3.1.7. Das Kampagnen-Prinzip „Headline" 35
3.1.8. Das Kampagnen-Prinzip „Typo" 36
3.1.9. Der Kreative – das unbekannte Wesen 36
3.2. Produktion 39
3.2.1. Briefing 39
3.2.2. Kostenvoranschläge 39
3.2.3. Reinzeichnung 39
3.2.4. Vorlagenerstellung 41
3.2.5. Reproduktion/Litho 42
3.2.6. Andruck/Proofvorlage 46
3.2.7. Druckverfahren 48
3.2.8. Papier 50
3.3. FFF (Film/Funk/Fernsehen) 53
3.3.1. TV-Spot 53
3.3.2. Kino-Spot 55
3.3.3. Funk-Spot 55
3.4. Marktforschung 55
3.4.1. Produkttest 56
3.4.2. Storetest 57
3.4.3. Markttest 58
3.4.4. Werbeforschung 59
3.4.5. Befragung 61
3.5. Media 63
3.5.1. Klassische Medien 63
3.5.2. Nicht-klassische Medien 66
3.6. Direktmarketing 69
3.6.1. Merkmale 69
3.6.2. Instrumente... 72
3.7. Multimedia 76

4. **Tipps fürs Tagesgeschäft**
4.1. Grundsätzliches für Kontakter 78
4.2. Jobliste.. 80
4.3. Timing... 81
4.4. Besprechungsberichte 82
4.5. Fact Book 83
4.6. Briefing 83
4.6.1. Inhalt Briefing.. 84
4.6.2. Kommunikationsstrategie 87

4.6.3. Creative Brief 88
4.7. Informationsbeschaffung 89
4.7.1. Verlagsstudien 90
4.7.2. Fachzeitschriften 91
4.7.3. Internet 91
4.7.4. Konkurrenzbeobachtung 94
4.8. Eigenorganisation 95
4.8.1. Ablage 95
4.8.2. Schreibtisch....................................... 95
4.8.3. Erledigung 96
4.8.4. Kontrolle 97
4.9. Kundenumgang 97
4.9.1. Der Ton macht die Musik 97
4.9.2. Richtig telefonieren 98
4.10. Kundenmeetings 99
4.10.1. Präsentationen 99
4.10.2. Nach der Pappenschlacht 102
4.11. Kleiderordnung 103
4.12. Stress abschalten 104

5.   Glossar
5.1. Allgemeine Werbebegriffe.......................... 105
5.2. Produktionsbegriffe 109
5.3. FFF 119
5.4. Media 120
5.5. Direktmarketing 127
5.6. Multimedia 130

6.   Allgemeine Literaturhinweise
6.1. Bücher.. 132
6.2. Fachzeitschriften 133

Vorwort

„Werbung macht reich, berühmt und sexy", so der Titel einer Broschüre des GWA (Gesamtverband Werbeagenturen e.V.). Dieser Aberglaube hält sich hartnäckig und sollte direkt unter dem Oberbegriff „Fabeln über Werbung" abgehakt werden. Dennoch ist der Werbebranche ein gewisser Glamourfaktor und das Aufeinandertreffen mehr oder weniger schillernder Persönlichkeiten nicht abzusprechen. Die Herausforderung, unter permanentem Druck die eigene Kreativität in Kompromiss mit Kundenanforderungen unter einen Hut zu bringen, fordert viel von allen Beteiligten.

Diese Zweischneidigkeit einer grundsätzlich schöngeistigen Branche bekommt der Bereich Kundenberatung besonders zu spüren. Deshalb gleich zu Beginn ein paar klare Worte: Die Beratung sitzt zwischen allen Stühlen. Als Mittler zwischen Kunde und Kreation ist man grundsätzlich in der „Schusslinie" und wird für alles – und das ist ernst gemeint – verantwortlich gemacht. Über diese Verantwortung muss man sich im Klaren sein, wenn man die Laufbahn in der Kundenberatung einer Agentur anstrebt. Es erfordert viel diplomatisches Geschick und eine gewisse altruistische Neigung, um in diesem Geschäft zu überleben und einen wirklich guten Job zu machen. Das ist die schlechte Nachricht.

Die gute Seite der Medaille ist, dass man in einer Branche arbeitet, die grundsätzlich anders ist als alle anderen. Es herrscht generell eine lockere Atmosphäre, man begegnet interessanten Menschen, hat in keinem Fall einen geregelten Arbeits- bzw. Tagesablauf und kann viel über die unterschiedlichsten Unternehmen bzw. Branchen lernen.

Apropos „lernen" – wer in die Werbung respektive Beratung einsteigt, muss sich mit allen Bereichen der Werbung auseinander setzen. Nicht umsonst heißt es, dass die Beratung das größte Oberflächenwissen innerhalb der Agentur haben muss. Nicht um Dinge selbst weiterzuführen, sondern um sie zu beurteilen.

Das vorliegende Buch wendet sich an alle, die eine Berater-laufbahn planen oder bereits begonnen haben. Hier sind zum einen grundsätzliche Informationen über relevante Bereiche für die Kundenberatung, wie z. B. Media oder Produktion zu-sammengefasst. Der zweite Schwerpunkt liegt auf dem Thema „Tagesgeschäft". Das **„1 x 1 für Pappenträger"** gibt wertvol-le Tipps, die den Einstieg in den Job enorm erleichtern. Viel Spaß.

Hamburg 2001
Anja Hoffmann & Miriam Kern

1. Aufbau einer Werbeagentur

Im folgenden Kapitel werden die Sparten einer Agentur vorgestellt sowie die entsprechenden Aufgabengebiete der einzelnen Hierarchiestufen beschrieben. Die Jobbezeichnungen sind zwar gängig und jeder Agentur bekannt, allerdings nicht in jeder Agentur existent. Die aufgezeigten Strukturen bieten sich, selbstredend, nur in Agenturen ab einer bestimmten Größe an. Bei kleineren/mittelgroßen Agenturen verwischen sich oft die Grenzen zwischen den einzelnen Stufen.

1.1. Beratung

Die Beratung ist, neben der Kreation, eine der beiden tragenden Säulen einer Agentur. Sie ist Schnittstelle zwischen Agentur und Kunde. Der reibungslose Ablauf des Tagesgeschäfts gehört ebenso zum Aufgabengebiet wie die Entwicklung langfristiger Strategien. Die Beratung bildet das Kommunikationszentrum innerhalb der Agentur, hier laufen alle Fäden zusammen. Die vielfältigen Aufgaben eines Beraters können hier nur umrissen werden, wobei der administrative Part deutlich überwiegt.

Hauptaufgabe der Beratung ist die straffe Organisation des Tagesgeschäfts (siehe Kapitel 4) sowie der permanente Überblick über sämtliche Kunden-Aktivitäten. Neben den kommunikativen Anforderungen des Kunden muss die Beratung auch einen Eindruck über die Kostenhintergründe bekommen. Das bedeutet nicht nur die Kenntnis von Media-Ausgaben, sondern auch eine Produktions-Kostenkontrolle.

Im Tagesgeschäft ist die Beratung in permanentem Kontakt mit dem Kunden. Sie muss jederzeit Auskunft geben können über den Status von Projekten, aber auch Briefings entgegennehmen, soweit das am Telefon möglich ist. Zudem steht die Beratung auch in engem Kontakt mit anderen Teilbereichen der Agentur, also der Produktion, FFF, Media-Abteilung etc. Auch in diesen Bereichen muss die Beratung stets up to date sein.

Ein Kundenberater ist sowohl Anwalt des Kunden als auch Sparringspartner für die Kreation.

In dieser Doppelfunktion muss die Beratung das kreative Ergebnis sowohl intern kontrollieren und im Sinne des Kunden kommentieren als auch dem Kunden präsentieren und „verkaufen".

Hierarchiestufen Beratung
- Innenkontakter/in (Teamassistent/in)
  Einstieg in den Kontakterjob, reine Assistenzaufgaben, Kundenkontakt nur telefonisch. Für den reibungslosen internen Ablauf zuständig.
- Junior Kontakter/in
  Abwicklung kleinerer Projekte in Abstimmung mit dem zuständigen Berater, Kundenkontakt auch in persona.
- Kontakter/in
  Betreut teilweise mehrere Kunden. Ist der Ansprechpartner für den Kunden. Arbeitet selbstständig in Absprache mit dem Vorgesetzten, hat Teamleiterfunktion.
- Senior Kontakter/in
  Größerer Verantwortungsbereich als Kontakter, oftmals längere Erfahrung.
- Etatdirektor/in
  Budget- und Personalverantwortung. Hat mehrere Kontakter mit entsprechendem „Unterbau" unter sich. Arbeitet schwerpunktmäßig strategisch.
- Management Supervisor/in
  Ist der Geschäftsführung direkt unterstellt. Arbeitet einerseits an kundenübergreifenden Themen (z.B. Entwicklung von Mafostudien), ist andererseits für „New Business" (Neugeschäft) sowie agenturspezifische Themen zuständig.
- Geschäftsführung Beratung
  Trägt die Gesamtverantwortung für den Bereich Beratung, oftmals auch kaufmännisch verantwortlich.

1.2. Kreation

Die zweite Säule einer Agentur ist die Kreation. Ohne Kreation keine Anzeige, kein Plakat, kein Film, keine Medaille. Wenn die Beratung der Blutkreislauf ist, dann ist die

Kreation das Herz. Zudem ist sie das wichtigste Differenzierungsmerkmal einer Agentur. Kreation, die sich normalerweise aus einem Zusammenspiel von Text und Grafik ergibt, füllt ein Kommunikations-Konzept mit Leben.

Die besondere Herausforderung an Menschen, die mit ihrer Kreativität in der Werbung Geld verdienen, ist der Kundenwunsch, Menschen zu beeinflussen. Sie sollen veranlasst werden, eine bestimmte Entscheidung zu treffen – für eine Marke, ein Produkt oder eine Serviceleistung. Aufgrund der permanent steigenden Informationsflut ist es heute wichtiger denn je, dem Produkt oder der Marke etwas mitzugeben. Etwas ganz Persönliches, das so kein Konkurrenzprodukt hat: einen psychologischen Mehrwert.

Dieser ist es, der ein Produkt oder ein Unternehmen aus Sicht des Verbrauchers zu etwas ganz Besonderem macht, zu etwas Einzigartigem und Unverwechselbarem. Wobei der USP (Unique Selling Proposition) immer im Kopf des Verbrauchers entsteht.

Einen psychologischen Mehrwert zu finden – und damit die Kernbotschaft der Werbung – ist der erste Schritt, der zumeist aus einem Zusammenspiel von Beratung und Kreation entsteht. Die zweite Herausforderung ist ausschließlich Sache des Kreativen: Wie kann man dem Verbraucher diese Botschaft vermitteln? Bei dem dritten Schritt, der Beurteilung des Ergebnisses, ist die Beratung wieder mit im Boot.

Alle guten Werbekampagnen folgen einer Grundregel: Eine Botschaft bleibt nur dann im Kopf des Verbrauchers hängen, wenn sie auch dort entsteht (s.o.).

Die Kreation teilt sich grundsätzlich in Grafik und Text. In vielen Agenturen wird heute der Ansatz verfolgt, Grafiker und Texter als Team aufzustellen.

Hierarchiestufen Grafik

– Grafiker/in
Einstieg in den Arter-Job. Setzen vorgegebene Layouts am Computer um. Suchen Mood-Bilder (Mood = Anmutung der möglichen Umsetzung).
– Junior Art Director/in
Entwickelt eigene Entwürfe/Ideen für kleinere Projekte. Assistiert dem Art Director bei der Umsetzung.

- Art Director/in
  Ausgebildeter Grafik-Designer mit Berufserfahrung. Entwicklung von Kampagnen und deren gestalterische Konzeption sowie Umsetzung in Absprache mit den Vorgesetzten.
- Creative Director/in
  Im Tagesgeschäft nur noch marginal involviert. Verantwortlich für den Gestaltungs-Output in jeglicher Hinsicht.
- Geschäftsführung Kreation
  Ist für die kreative Ausrichtung der Agentur zuständig.

Hierarchiestufen Text
- Junior Texter/in
  Einstieg in den Texter-Job.
- Texter/in
  Arbeitet selbstständig. Betreut teilweise mehrere Kunden.
- Senior Texter/in
  Längere Berufserfahrung. Arbeitet stärker konzeptionell als operativ.
- Group Head Text
  Hat mehrere Texter unter sich, Teamleiterfunktion.
- Creative Director/in
  Im Tagesgeschäft nur noch marginal involviert. Verantwortlich für den Text-Output in jeglicher Hinsicht.
- Geschäftsführung Kreation
  Ist für die kreative Ausrichtung der Agentur zuständig.

1.3. Produktion

Während die Beratung als Mittler zwischen Agentur und Kunde fungiert, ist die Produktion die Schnittstelle zwischen Agentur und Lieferanten. Sie ist interner Ansprechpartner für sämtliche produktionstechnischen Belange. Die Produktion beantwortet Fragen von Druckunterlagen einer Anzeige bis hin zu Stanzen für Verpackungen oder Drucktechniken bei Give-Aways. Sie ist Kontrollinstanz und Organisator für die Erstellung von Print- und 3D-Werbemitteln. Für den Berater fungiert die Produktion als Serviceabteilung. Was der Kontakt strategisch vorgibt und von der Kreation umgesetzt wurde, wird hier technisch realisiert. Von Kosteneinholung bis zur Druckabnahme ist der Produktioner in den Realisationsprozess involviert und arbeitet entsprechend eng mit dem Kontakt zusammen.

Hierarchiestufen Produktion
- Junior Produktioner/in
  Einstieg in den Produktioner-Job, Assistenzfunktion. Selbstständige Betreuung/Abwicklung kleinerer Projekte. Kosteneinholung.
- Produktioner/in
  Betreuung mehrerer Kunden. Selbstständige Abwicklung von Projekten. Schnittstelle zum Kontakt.
- Leiter/in Produktion
  Hat mehrere Produktioner unter sich. Langjährige Berufserfahrung. Gesamtverantwortung für die Realisation von Werbemitteln und Druckvorlagen der gesamten Agentur/ aller Kunden.

1.4. FFF (Film/Funk/Fernsehen)

Die FFF unterstützt die Kreation bei der Vorbereitung und Durchführung von Projekten für elektronische Medien, also einem TV- bzw. Kino-Spot oder einem Funk-Spot. Ansonsten ist die FFF zuständig für die Aufzeichnung von TV-Beiträgen, Überspielen von U-Matic auf VHS und die Archivierung der Masterbänder. Auch findet man in einer gut sortierten FFF aktuelle Regie- bzw. Filmproduktionsrollen (Show Reels).
Der Bereich FFF ist heute nur noch in großen Agenturen zu finden. Für den Kontakt ist sie nur dann relevant, wenn die zu betreuenden Kunden ihre Produkte über elektronische Medien vermarkten wollen. Auch die FFF ist eine Serviceabteilung, die den Kontakt mit den notwendigen Kostenvoranschlägen und Timings versorgt, sowie während der gesamten Abwicklung beratend zur Seite steht.
Bei den meisten Agenturen ist der Bereich FFF ausgegliedert und wird als Dienstleistung von Filmproduktionen eingekauft. Die Filmproduktion nimmt dann dieselben Aufgaben wahr.

Hierarchiestufen FFF

- Produktions-Assistent/in
  Einstiegsjob. Kaum Berufserfahrung nötig. Assistenzarbeiten. Archiv-Pflege.
- Producer/in
  Setzt in Zusammenarbeit mit dem CD die entwickelten TV-Spots um. Ebenso selbstständige Planung, Abwicklung und Überwachung von Kino- und Hörfunk-Spots. Kosten- und Timingverantwortung.
- Head of TV
  Hat mehrere Producer unter sich. Gesamtverantwortung für den gesamten FFF-Output einer Agentur.

1.5. Artbuying

Das Artbuying hat eine wichtige Servicefunktion innerhalb der Agentur. Es ist verantwortlich für die Sichtung von Fotografen, Illustratoren, Regisseuren, Modelagenturen/Modelrepräsentanten und anderen künstlerischen Lieferanten. Des Weiteren berät das Artbuying die Kreation und Beratung bei der Auswahl der künstlerischen Lieferanten, briefen diese und holen Kostenvoranschläge ein.
Diabestellungen (Stockmaterial) der Kreation laufen normalerweise auch über diese Serviceabteilung. Im Großen und Ganzen ist das Artbuying für die Bereitstellung des gesamten künstlerischen Materials zuständig, also auch Zeitschriften, Bücher etc. In manchen Agenturen obliegt dem Artbuying auch die Einsendung von Materialien für die verschiedenen Wettbewerbe im In- und Ausland (ADC, Effie, Cannes etc.).

Hierarchiestufen Artbuying

- Junior Artbuyer/in
  Einstieg in den Job. Assistenzfunktion. Abwicklung kleinerer Projekte/Anfragen. Archivverantwortung.
- Artbuyer/in
  Mehrjährige Berufserfahrung. Selbstständige Abwicklung sämtlicher Projekte/Anfragen etc. Rechnungskontrolle für Fotoproduktionen.

1.6. Marktforschung

Die wenigsten Agenturen verfügen über eine eigene Marktforschung, da viele Unternehmen diesen Bereich „inhouse" haben oder mit externen Mafo-Instituten kooperieren. Diese Serviceabteilung besteht in der Regel aus einem Marktforscher, der das Team in forschungsrelevanten Fragen berät bzw. Studien in Auftrag gibt, diese auswertet und interpretiert.
Gerade bei großen Markenartikel-Kunden ist der Bereich Marktforschung für die Beratung relevant. Überschneidungen im Aufgabenbereich zum Strategic Planning sind gegeben.

1.7. Strategic Planning

Die Abteilung Strategic Planning oder auch strategische Planung hat sich erst in jüngster Zeit in einigen großen Agenturen etabliert. Hintergrund ist der gestiegene Bedarf von Markenherstellern an strategischer Beratung. Der Bereich Planning ist nicht selten eine aus den Unternehmen ausgelagerte Marketingfunktion, die in die Agentur implementiert wird.
Der Bereich Planning beantwortet sämtliche Fragen rund um die Marke – also zum Markenkern, zur Markenhistorie – und entwickelt langfristige Strategien zur Markenführung. Der optimale Arbeitsprozess läuft vom Kundenbriefing über Research zum Creative Brief. Wobei der Creative Brief die Basis für die kreative Umsetzung der entwickelten Kommunikationsstrategie ist. Er sollte in Zusammenarbeit mit dem Kontakt entstehen.
Zudem übernimmt das Planning Aufgaben aus der Marktforschung. Wenn es z. B. um die Entwicklung bzw. Beurteilung eines Fragebogens hinsichtlich der Markenevaluierung geht. Dies sollte jedoch immer in enger Abstimmung mit der Beratung erfolgen.
In manchen Planungsabteilungen werden Werbeträgeranalysen sowie weitere Markt- und Markenanalysen archiviert.
Der Bereich Planning sollte für den Kundenberater eine Servicefunktion darstellen. Denn die eigentliche Markenführung obliegt in ihrer Ausführung der Beratung.

1.8. Media

Die Mediaabteilung plant, bucht und überwacht für ihre Kunden den Einsatz von Spots, Anzeigen etc. in den entsprechenden Medien. Gerade im Bereich der Mediaplanung ist eine enge Zusammenarbeit mit der Beratung nötig. Anhand der durch die Beratung vorgegebenen Parameter wie Kommunikationsziel, definierte Zielgruppe und Budget, wird der optimale Mediamix/Mediaplan entwickelt. Nach Kundenfreigabe ist die Mediaabteilung zuständig für die Buchung der Anzeigen bzw. Belegung der Hörfunksender bzw. TV-Werbeinseln. Zudem entwickelt die Mediaabteilung Studien, wie z.B. zum Thema Mediennutzungsverhalten allgemein oder zu kundenspezifischen Themen. Media ist mittlerweile ein sehr komplexer, sich rasant entwickelnder Bereich, nicht zuletzt durch die so genannten „Neuen Medien".

Die wenigsten Agenturen verfügen heute über Mediaabteilungen. Der Trend, die Mediaabteilung auszulagern und als selbstständige Mediaagentur anzusiedeln, greift schon seit längerem.

Hierarchiestufen Media

– Mediaeinkäufer/in
  Bucht und überwacht bei Verlagen oder Sendern die von der Planung vorgegebenen Schaltungen. Wird oft als Sprungbrett in die Mediaplanung genutzt.
– Junior Mediaplaner/in
  Einstieg in den Mediaplanungsjob. Assistenzfunktion. Abwicklung kleinerer Projekte. Erstellt Druckunterlagen- und Schaltpläne.
– Mediaplaner/in
  Entwickelt Mediakonzepte. Beratungsfunktion.
– Media Gruppenleiter/in
  Hat mehrere Mediaplaner unter sich. Teamleiterfunktion. Für Forschung und Entwicklung zuständig.

2. Job-Facts

In diesem Kapitel geht es darum, wie man – wenn man will – ins Agenturleben einsteigen kann. Zudem wird beleuchtet, welche Art von Agentur passend ist.

2.1. Mutter Teresa oder Dr. No?

Wer sich mit dem Thema Werbung als Berufswunsch bzw. Kundenberatung im Speziellen auseinander setzt, muss sich mit den folgenden Fragen beschäftigen:

1) Kann ich zwei Herren dienen (Agentur und Kunde)?
2) Bin ich flexibel, kann ich mich auf schnell wechselnde Situationen einstellen?
3) Bin ich diplomatisch?
4) Bin ich durchsetzungsfähig?
5) Bin ich ein, im wahrsten Sinne des Wortes, „Dienstleister" (kommt bekanntlich von Dienen und Leisten)?
6) Bin ich belastbar?
7) Kann ich gut mit Konfliktsituationen umgehen?
8) Bin ich ein Teamworker?
9) Kann ich mein Privatleben meinem Job unterordnen?
10) Bin ich aufgeschlossen, offen und kommunikativ?

Die Fragen, die positiv beantwortet wurden, werden mit einem Punkt bewertet. Hier das Ergebnis:

0–2 Punkte
Haben Sie schon einmal über eine höhere Beamtenlaufbahn nachgedacht?

3–6 Punkte
Dienstleistung wird bei Ihnen groß geschrieben, solange Sie nicht derjenige sind, der sie erbringen muss.

7–10 Punkte
Herzlichen Glückwunsch! Sie können schon mal mit dem Pappenträger-Workout (Bizeps-Training) beginnen. Ihnen steht eine große Karriere in der Beratung ins Haus – oder zumindest ein durchtrainierter Oberarm.

2.2. Ausbildung

„Jeder Weg, und sei er noch so weit, beginnt mit dem ersten Schritt." Der Entschluss steht fest: Ich will in die Werbung. Nur - wie komme ich da hin?

2.2.1. Praktikum

Praktika haben den Vorteil, in den Job reinzuschnuppern, sich mit Abläufen und Aufgabenbereichen vertraut zu machen. Zwei Drittel der großen Agenturen bieten jedes Jahr Praktikumsplätze an. Die Dauer kann zwischen drei und zwölf Monaten liegen. Genauso unterschiedlich wird die Bezahlung gehandhabt. Neben Praktika für Studenten gibt es in einigen Agenturen auch so genannte „Trainee-Programme". Dies sind in der Regel zwölf- bis achtzehnmonatige Ausbildungsschnelldurchläufe in den Hauptabteilungen einer Agentur.
Einige Agenturen bieten darüber hinaus so genannte Schülerpraktika an. Diese sind relevant für Schüler, die im Rahmen von „Schüler-Berufswochen" einen kurzen Einblick in verschiedene Berufe nehmen können.

2.2.2. Lehre zur/m Werbekauffrau/mann

Ein gängiger Einstieg in die Beraterlaufbahn ist die zwei- bis dreijährige Ausbildung zur Werbekauffrau bzw. zum Werbekaufmann. Neben der klassischen Full-Service-Agentur bilden vereinzelt auch Media- und Verkaufsförderungs-Agenturen sowie Werbeabteilungen großer Unternehmen Werbekaufleute aus.
Die Ausbildung sollte einen Gesamteinblick in das Agenturgeschehen vermitteln. Der Schwerpunkt der Ausbildung liegt allerdings in der kaufmännischen und organisatorischen Arbeit. Im Idealfall wird der Auszubildende in allen Abteilungen, nach einer kurzen Einarbeitungsphase, in das Tagesgeschäft eingebunden. In den Schaffensprozess innerhalb der Kreation tauchen viele Auszubildende nur kurz oder gar nicht ein. Trotzdem ist es möglich, dass man kreative Potenziale in sich entdeckt und am Ende der Ausbildung doch nicht im kaufmännischen Bereich anfängt.

Wenn man sich für eine Lehre in einer Werbeagentur entscheidet, sollte man nicht mit falschen Vorstellungen in die Lehre „einsteigen".

Anders als in Unternehmen, die sehr viel in die Ausbildung der Mitarbeiter investieren, wo es Azubi-Treffs etc. gibt, muss man in einer Agentur von Anfang an „ran". Sämtliche Vergünstigungen, sei es eine Kantine (gibt es in einigen Fällen) oder gar Betriebssportgruppen, sind im Repertoire einer Agentur nonexistent. Dafür bekommt man einen schnelleren Einblick in Arbeitsabläufe, eine lockere Atmosphäre und den Duft der großen kreativen Welt geboten.

Nach der Ausbildung in der Agentur startet man in der Regel als Innenkontakter/Junior Berater.

Informationen über Ausbilder-Agenturen erteilen:

Gesamtverband Werbeagenturen GWA e.V.
Friedensstraße 11
60311 Frankfurt am Main
Tel: 069 - 256 00 80
www.gwa.de

Kommunikationsverband BDW e.V.
Adenauerallee 118
53113 Bonn
Tel: 0228 - 949 13-0
www.bdw-online.de

Zentralverband der deutschen Werbewirtschaft ZAW
Villichgasse 17
53177 Bonn
Tel: 0228 - 820 92-0
www.zaw.de

Zudem sollte man die lokalen Tageszeitungen, Fachzeitschriften bzw. das Internet (z.B. www.absolute.beginners.de) auf Stellenangebote prüfen. Weitere Infos über den Ausbildungsinhalt gibt die Broschüre „Verordnung über die Berufsausbildung Werbekaufmann/frau" (Bertelsmann Verlag, Bielefeld).

2.2.3. Studium

Die Zeiten „vom Tellerwäscher zum Millionär" oder vom „Azubi zum Geschäftsführer" sind vielleicht nicht direkt vorbei, aber härter geworden. Heute ist ein Studium grundsätzlich gerne gesehen, in manchen Fällen sogar Basis für Führungspositionen in der Beratung. Hintergrund ist der, dass auf Kundenseite, also z.B. im Produktmanagement, auch Akademiker sitzen, die einen „adäquaten" Ansprechpartner verlangen, was immer das heißen mag.

Es gibt mehrere Möglichkeiten. Entweder man entscheidet sich für ein klassisches BWL-Studium mit Schwerpunkt Marketing/Werbung, oder man studiert Kommunikationswissenschaften. Beides sind Universitätsstudiengänge. Der erste ist sicherlich breiter angelegt und für den Job nicht praxisnah genug. Dennoch ist zu überlegen, dass man eventuell nicht für immer in der Werbung bleiben will. Mit einem BWL-Studium hat man auf jeden Fall eine gute Grundlage für einen Job auf Kunden- bzw. Unternehmensseite.

Der zweite Studiengang vermittelt sicherlich einen fundierteren Einblick in das Geschehen, ist aber auch spitzer im Hinblick auf die mögliche Berufswahl.

Die Top-Unis für den Bereich Beratung sind: Uni Münster, Uni Köln, Uni Frankfurt, die Uni Saarbrücke und die HDK Berlin.

Des Weiteren gibt es z.B. an der Fachhochschule Pforzheim den Fachbereich Werbewirtschaft. Hier wird unter dem Dach der BWL eine Spezialisierung auf Werbung, die auch zwei Praxissemester in Werbeagenturen, Verlagen oder Marketingabteilungen vorschreibt, angeboten.

Adressen von genannten Hochschulen:

Fachhochschule Pforzheim
Hochschule für Gestaltung, Technik und Wirtschaft
Fachbereich Marketing/Kommunikation
Tiefenbronner Str. 65
75175 Pforzheim
Tel: 07231 - 60 30
www.fh-pforzheim.de

Hochschule der Künste
Künstlerische und wissenschaftliche Hochschule
Postfach 12 67 21
10595 Berlin
Tel: 030 - 318 521 42
www.hdk-berlin.de

Westfälische Wilhelms-Universität Münster
Schloßplatz 2
48149 Münster
Tel: 0251 - 83-0
www.uni-muenster.de

Universität Köln
Albertus-Magnus-Platz
50923 Köln
Tel: 0221 - 470-0
www.uni-koeln.de

Johann Wolfgang Goethe-Universität
Senckenberganlage 31
60054 Frankfurt
Tel: 069 - 798-1
www.uni-frankfurt.de

Universität des Saarlandes
Im Stadtwald
66123 Saarbrücken
Tel: 0681-302-0
www.uni-saarland.de

Einen guten Überblick über weitere Anschriften gibt das Buch
„Studium Werbung". Hier werden über 290 Akademien, Fern-
lehrgänge, Fachhochschulen, Universitäten und Business-
Schools in Deutschland, Österreich und der Schweiz por-
trätiert. Erhältlich über Verlag Edition ZAW, Postfach 20 14 14,
53144 Bonn.

2.2.4. Werbeakademie

Eine vierte Einstiegsmöglichkeit bieten Werbeakademien, die spezielle Inhalte für die Laufbahn in der Werbung vermitteln. Hierbei ist eine komprimierte Ausbildung im Tagesstudium oder eine Job begleitende, in Form eines Abendstudiums, möglich.

Bei Werbeakademien, die grundsätzlich eine Studiengebühr verlangen, ist zu beachten, welchen Anerkennungs-Status (staatlich oder privat) sie genießen. Zudem kann man anhand der Referentenliste ablesen, inwiefern professionelles Know-how vermittelt wird. Werbeakademien genießen in der Branche einen unterschiedlichen Ruf. Einige Personalchefs schwören darauf, andere halten es für Humbug. Auf jeden Fall bieten Werbeakademien, neben einer Lehre zur/m Werbekauffrau/mann, die praxisnaheste Ausbildung.

Adressen ausgewählter Werbeakademien:

Werbe- und Medien-Akademie Marquardt
Bornstr. 241-243
44145 Dortmund
Tel: 0231 - 861 008-0
www.wam.de

Adademie Werbung Grafik Druck
Heinrich-Grone-Stieg 4
20097 Hamburg
Tel: 040 - 237 036 00
www.awgd.de

Kommunikationsakademie Hamburg
Norderreihe 61
22767 Hamburg
Tel: 040 - 280 451 99
www.kah.de

Sächsische Akademie der Werbung e.V.
Saarländer Str. 20
04179 Leipzig
Tel: 0341 - 926 12 41
www.werbeakademie.de

WAK
Westdeutsche Akademie für Kommunikation e.V.
Goltsteinstr. 89
50968 Köln
Tel: 0221 - 934 778-0
www.wak-koeln.de

Städtische Berufsschule für Medienberufe
Schwere-Reiter-Str. 35
80797 München
Tel: 089 - 306 587-0
www.bsmedien.musin.de

Bayerische Akademie für Werbung und Marketing
Orleansstr. 34
81667 München
Tel: 089 - 480 909 10
www.baw-online.de

2.2.5. Quereinstieg

Eine weitere Möglichkeit ist der so genannte Quereinstieg,
dass man also aus einer völlig fremden Branche mit null Ah-
nung von den Basics in die Werbung einsteigt. Hierbei gilt: Je
höher der Job angesiedelt ist, um so weniger ausschlaggebend
die Inkompetenz im Tagesgeschäft. Quereinsteiger findet man
häufig im Bereich Text.

2.3. Inhaber geführte versus Network-Agentur

Nach Ende der Ausbildung stellt sich die Frage: „In welche Agentur will ich?" bzw. „Wer will mich?".

Es gibt Unterscheidungskriterien, nach denen Agenturen beurteilt/positioniert werden. Zum einen gibt es die Unterteilung in so genannte „Inhaber geführte" und „Network" Agenturen. Als Network bezeichnet man ein internationales „Filialnetz" mit gleicher Philosophie, Ausrichtung und äußerem Erscheinungsbild. Viele Kunden bedienen sich solcher Networks, um eine internationale Vermarktung ihrer Produkte sicherzustellen. Inhaber geführte Agenturen agieren meist national/regional und zeichnen sich stark durch die Person des Inhabers aus.

Zudem unterscheidet man Agenturen, deren Schwerpunkt im kreativen Bereich liegt von denen, die sich als strategische, beratende Sparringspartner einen Namen gemacht haben.

In der folgenden Grafik sind einige Agenturen beispielhaft positioniert. Hierbei steht die horizontale Achse für die unternehmerische Ausrichtung (kreativ-strategisch-beratend), die vertikale für den Führungsstil und die Methodik (Inhaber bzw. Network geführt). Die beispielhafte Abbildung geht nur auf den Führungsstil ein, da die unternehmerische Ausrichtung typ- und interessensbedingt ist.

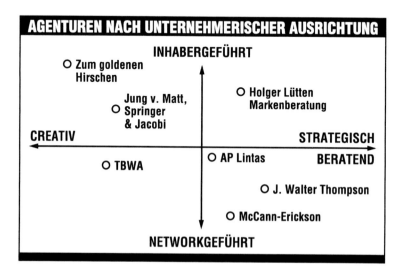

In Bayern gibt's ein schönes Sprichwort „Wie der Herr, so 's Gscherr", auf gut Deutsch „Der Apfel fällt nicht weit vom Stamm". Meint, egal für welche Agenturausrichtung man sich entscheidet, die Philosophie bzw. Agenturkultur manifestiert sich in 99 Prozent der Fälle in den Persönlichkeiten der Geschäftsführung bzw. -leitung. Ist der Chefsessel z.B. von einer dominanten Person besetzt, kann man davon ausgehen, dass Dominanz, Unterdrückung und „Kleinhaltung" sich über alle Hierarchiestufen erstreckt. Gleiches gilt für besonders „lässige" Geschäftsführer – hier ist der Übergang von „lässig" zu „nachlässig" oft fließend. Für den persönlichen Lerneffekt bzw. die Weiterentwicklung ist das nicht gerade förderlich. Auch hier gilt die Devise: Besser vorab informiert als später „angeschmiert".

2.3.1. Vorteile Inhaber geführter Agenturen

In der Regel sind Inhaber geführte Agenturen kleiner als die großen Network-Agenturen. Das kann bedeuten, dass man in viel mehr Abläufe direkt involviert ist, man einerseits mehr „stellenfremde" Tätigkeiten mitmachen muss, andererseits ganz andere Ein- und Überblicke gewinnt. Die Entscheidungswege sind oftmals kürzer, weil man in einem kleineren Kreis arbeitet und weiß, wer wann zu erreichen ist oder wie man Entscheidungswege zeitlich einplanen muss.
Ein weiterer Vorteil ist das „über-den-Tellerrand-hinaus"-Sehen. Denn in kleineren Agenturen kriegt man zwangsläufig mit, woran die Kollegen gerade arbeiten, auch wenn es den eigenen Kunden nicht betrifft. Die Kreationsfreiheit ist in vielen Fällen auch größer, da man sich mit dem Thema „Adaption", z.B. bei internationalen Kunden, meistens nicht beschäftigen muss.

2.3.2. Nachteile Inhaber geführter Agenturen

Versteht man sich partout nicht mit dem Inhaber-Chef, gibt es kaum die Möglichkeit in eine andere Unit, Family etc. zu wechseln. Das bedeutet in den meisten Fällen, dass man „raus" ist.

Es ist auch nicht jedermanns Sache, in kleinen Agenturen zu arbeiten. Hat man nur neun Kollegen und es „passt" davon nur einer, kann der Alltag schnell zur Qual werden. Zumal die Arbeitszeiten in der Werbung keine Fabeln aus dem Morgenland, sondern tatsächlich mit „1001 Nacht" sehr gut beschrieben sind.

Der Arbeitsplatz ist hier auch generell gefährdeter, da ein Kundenverlust ganz andere Auswirkungen auf die Agentur hat als in einer Network-Agentur. Hier hängt oftmals die ganze Existenz oder vielmehr das wirtschaftliche Wohl der Agentur von einem Kunden ab.

2.3.3. Vorteile von Network-Agenturen

Der „Mädchen für alles"-Status entfällt. In großen Agenturen ist alles, aber auch wirklich alles geregelt. Jeder hat seinen fest definierten Arbeitsbereich und braucht sich darüber hinaus kaum Gedanken zu machen. Besonders positiv ist hierbei die Möglichkeit, auf Serviceabteilungen aus dem Network zurückzugreifen, einzuschätzen.

Ein weiterer Vorteil ist das Thema „Karriere" im Sinne von Titeln. Wie eingangs erwähnt, gibt es in kleineren Agenturen kaum Hierarchiestufen, in größeren dagegen schon. Während man also in kleineren Agenturen meist aussteigt, wie man eingestiegen ist, kann man in größeren Agenturen durch Beharrlichkeit und Kompetenz den Karriereweg des „Agenturhopping" vermeiden.

Zudem ist in Agenturen gewisser Größe auch das Thema „Sozialleistungen" eher eins als in kleinen. Meint, dass es durchaus größere Agenturen mit Kantine, Essensgutschein oder neckischem Beisammensein in Form von „Happy Hours" (wer's mag) gibt. Das Potenzial an netten Kollegen ist auf jeden Fall größer.

2.3.4. Nachteile von Network-Agenturen

Schwerfälligkeit und Bürokratie ist ein Thema. Der Abstimmungsprozess schon innerhalb der Agentur kann dauern, da jeder auf die Sachen noch mal drauf sehen will. Und je mehr Leute drauf sehen, um so mehr Meinungen gibt es.

Es soll Network-Agenturen geben, die mehr eine Behörde denn eine Kreativschmiede sind. Es gibt Gerüchte, dass man sich in einigen Agenturen nicht auf den Fluren, sondern im Formularwald verirren kann und sogar für einen Bleistift einen Antrag stellen muss.

Einige Network-Agenturen machen mehr durch Personalquantität, begründet durch hohe Fluktuation, denn durch Personalqualität von sich reden.

Letztlich ist die Entscheidung „pro" oder „contra" der einzelnen Agenturform immer eine individuelle. Der eine Mensch fühlt sich in organisierten Bahnen wohler, der andere braucht die Flexibilität im Alltag, um sich optimal zu entfalten.

2.4. Bewerbung

Egal, für welchen Ausbildungsweg, oder daran anschließend, für welche Agenturform man sich entschieden hat, eines bleibt für den Berufseinstieg nicht aus: die Bewerbung. Es sei denn, der eigene Vater heißt per Zufall Reinhard mit Vor- und Springer mit Nachnamen (Mitbegründer der Agentur Springer & Jacoby), man ist Kuki (Kundenkind) oder hat sich sonstige Beziehungen zum Personal- oder direkten Chef erarbeitet, erschlafen oder mitgegeben bekommen.

2.4.1. Bewerbungsunterlagen

Man kann davon ausgehen, dass einer Bewerbung im Schnitt ein bis zwei Minuten Aufmerksamkeit des Personalchefs bzw. des zuständigen Mitarbeiters geschenkt wird. Obwohl die Branche zu außergewöhnlichen, „kreativen" Bewerbungen verlockt, empfiehlt es sich für den Bereich Kundenberatung, eine „klassische" Bewerbung einzureichen.

Das Anschreiben, sicherlich die größte Hürde bei einer Bewerbung, sollte höchstens eine Seite lang sein. Bei dem Anschreiben muss man sich klar machen, dass die Bewerbung eine typische Kommunikationssituation ist. Wer es hier nicht schafft, sich in die Lage des Empfängers zu versetzen, wird mit komplexeren Problemen der Massenkommunikation vermutlich Schwierigkeiten haben. Das bedeutet: Das Anschreiben sollte kurz und knapp formulieren, warum man die richtige Person für den Job ist. Wichtig ist, dass es sprachlich gut formuliert ist und erkennen lässt, was der Betreffende einbringen kann und was er vom Job erwartet.

Es sorgt für einen guten Eindruck, wenn einige Etats der Agentur im Anschreiben erwähnt werden. Sie sollten jedoch nur als Aufhänger dienen und nicht „auf Biegen und Brechen" untergebracht werden. Spätestens beim Bewerbungsgespräch sollte man im aktuellen Kundenportfolio der Agentur firm sein. Von seelenlosen Serienbriefen kann generell Abstand genommen werden.

Außer dem Anschreiben sind der tabellarische Lebenslauf, das Bewerbungsfoto (möglichst nicht aus dem Automaten und bitte keine Party- oder Urlaubsfotos) und ein lückenloser Zeugnisnachweis obligatorische Bestandteile einer Bewerbung.

Die Bewerbungsmappe ist wie eine Visitenkarte. Die Unterlagen sollten daher mit viel Akribie und Sorgfalt zusammengestellt werden. Anschreiben ohne Absender und falsche Adressierungen landen direkt im Papierkorb.

Was noch in die Bewerbungsmappe gehört, steht z.B. in den Verlagspublikationen der Frankfurter Allgemeinen Zeitung („Start in den Beruf") und der Süddeutschen Zeitung („Die erfolgreiche Bewerbung").

2.4.2. Bewerbungsgespräch

Zu einem erfolgreichen Bewerbungsgespräch gehört ein bisschen Vorbereitung. Das Minimum an Wissen sind die aktuelle Kundenliste, Größe und ungefährer Umsatz der einladenden Agentur. Zudem ist es ratsam, sich auf beliebte Fragen wie z.B. „Welche Werbung (allgemein) gefällt Ihnen und warum?" (am besten, man sieht sich einmal bewusst die Werbepausen im TV an und verkneift sich die Pinkelpause, zudem kauft man sich einige Printtitel und durchforstet sie auf interessante Anzeigen), „Wieso haben Sie sich ausgerechnet bei uns beworben?" und „Warum glauben Sie, für den Job eines Kontakters geeignet zu sein?", vorzubereiten. Auf diese Fragen gibt es keine richtigen oder falschen Antworten, sie sollten wirklich individuell begründet werden.

Kurze Anmerkung zum Thema Arbeitsmarkt/Gehalt. Die momentane Situation sieht für den Bereich Berater sehr viel rosiger aus als noch vor zwei Jahren. Die Zeiten, in denen man einen Einstiegs-Hungerlohn mit einem lapidaren „Seien Sie froh, wenn Sie für uns arbeiten dürfen" oder „Gehalt ist ein Hygienefaktor" begründen konnte, sind vorbei.

Das Bewerbungsgespräch ist überstanden, der ersehnte Anruf „Wir wollen Sie haben!" erfolgt und der Vertrag liegt auf dem Tisch. Jetzt ist es wichtig, sich noch einmal kurz den ersten Eindruck der Agentur, des Betriebsklimas und des Gesprächs mit dem potenziellen Vorgesetzten ins Gedächtnis zu rufen. Denn, wer einem beim ersten Gespräch unsympathisch ist, bleibt es sicher auch später. Und die Chemie ist gerade im Agenturbusiness ein ausschlaggebender Punkt. Nicht nur, weil man einfach viel Zeit im Büro verbringt, sondern weil die Zusammenarbeit oft intensiver und persönlicher als in anderen Unternehmen ist. Wie in vielen sonstigen Bereichen auch, findet sich der schöne Satz „Klappern gehört zum Handwerk" im Repertoire von Agenturchefs – es wird oft viel versprochen und wenig gehalten. Dinge, die einem persönlich wichtig sind, wie z.B. Gehaltsanpassung nach der Probezeit, sollten daher unbedingt schriftlich fixiert und Bestandteil des Vertrags sein. Bei einem konkreten Angebot ist die Meinung Dritter zum Image der Agentur oft hilfreich. Gewisse Agenturen genießen einen gewissen Ruf – und ein Körnchen Wahrheit steckt vermutlich in jedem Gerücht.

3. Grundwissen für Kontakter relevante Bereiche

Im Folgenden werden Basisinformationen zu den in fast jeder Agentur vorhandenen Bereichen gegeben. Die Kapitel erheben keinen Anspruch auf Vollständigkeit. Gerade die Bereiche Produktion, Media und Marktforschung sind komplex und entwickeln sich rasant.

3. 1. Kreation

Wie in der Kunst ist auch in der Werbung vieles Handwerk. Es gibt eine Reihe bewährter Mechanismen, um eine Botschaft beim Verbraucher zu implementieren. Beispielhaft werden hier einige dieser Mechanismen erläutert.

3.1.1. Das Kampagnen-Prinzip „Symbolik"

Ein Sachverhalt oder eine Eigenschaft des Produktes wird mit Hilfe eines allgemein bekannten, leicht verständlichen Bildes dargestellt. So wird das Produkt auf einfache Art erklärt und gleichzeitig wird die Phantasie des Betrachters gefordert. Denn der muss die Bedeutung des Symbols auf das Produkt übertragen und so die Botschaft der Anzeige in seinem Kopf zusammensetzen. Beispiele für dieses Prinzip sind der Cowboy für die Marlboro Welt und die Loop-Einführungs Kampagne von Viag Interkom.

Produkt: Marlboro
Agentur: Michael Conrad &
Leo Burnett

3.1.2. Das Kampagnen-Prinzip „Wort-Bild-Verschiebung"

Die Aussage der Headline bekommt durch das Bild eine andere Bedeutung. Oder umgekehrt: Das Bild wird durch den Text neu interpretiert. Die eigentliche Botschaft der Anzeige setzt sich so erst im Kopf des Betrachters zusammen. Sehr schön umgesetzt bei dem „Schrebergarten"-Motiv von Astra (St. Pauli Brauerei) oder der Bild-Kampagne.

Produkt: Cinemaxx
Agentur: Jung von Matt

3.1.3. Das Kampagnen-Prinzip „Side-by-Side"

Eine Gegenüberstellung von zwei verschiedenen Bildern/ Situationen (alt – neu, gut – schlecht) dramatisiert die Vorteile des Produktes. Wird klassischerweise bei Waschmittel-Werbung eingesetzt. Unter dieses Kampagnen-Prinzip fällt auch der Problem-Lösungs-Ansatz in der Werbung.

Produkt: Cinemaxx
Agentur: Jung von Matt

3.1.4. Das Kampagnen-Prinzip „Testimonial"

Man zeigt Menschen, die sich zu dem Produkt oder dem Angebot äußern, sich dazu bekennen oder die in irgendeinem
Zusammenhang mit dem Produkt stehen. Die Wirkung dieser
Menschen, ihre Persönlichkeit, ihr Image und das, was sie
sagen, überträgt sich dann automatisch auf das Produkt. Bei
Testimonials kann man zwischen Prominenten und No-Names
bzw. Kunstfiguren (Richard T-Online, Klementine, Melitta-
Mann, Herr Kaiser) unterscheiden.
Prominente Testimonials sind jedoch mit Sorgfalt auszu-
wählen. Wichtiges Entscheidungskriterium ist die Glaubwürdigkeit und Authenzität in Bezug auf das zu bewerbende Produkt. Gute Beispiele für Prominenten-Testimonial-Werbung
sind Franz Beckenbauer für E-Plus, Verona Feldbusch für Iglo,
Thomas Gottschalk für die Post und Boris Becker für AOL.

Produkt: FAZ
Agentur: Scholz & Friends, Berlin

3.1.5. Das Kampagnen-Prinzip „Story"

Man denkt sich eine kleine Geschichte aus, die den Vorteil des Produktes oder das Image der Marke verdeutlicht und stellt diese in Bild und Text dar. Der Text kann hierbei wörtliche Rede oder eine kleine Erzählung sein. Die alte „Young Miss" Print-Kampagne von Gruner + Jahr folgte diesem Prinzip. Ebenso im TV die preisgekrönten Spots von Mercedes (z.B. Ohrfeige, Hörgerät) und Audi (z.B. Elvis).

»Ich habe eine feste Beziehung. Seit einem Jahr. Okay, vielleicht etwas eingefahren. Doch die letzte Nacht war einfach absolut unglaublich. Der völlige Wahnsinn. Total erotisch, hemmungslos, geil, sinnlich, verrückt, kuschelig, sexy, albern, schweißtreibend, wild, exzessiv und ohne jedes Tabu. Ob's für meinen Freund auch so schön war? Weiß nicht genau. Der war beim Fußball.«

Produkt: Brigitte Young Miss
Agentur: Grabarz & Partner

3.1.6. Das Kampagnen-Prinzip „Negative Approach"

Hierbei wird gezeigt, wie das Leben ohne das Produkt aussehen würde. Gut umgesetzt bei der Cinemaxx- und der Gliss Hair Repair-Kampagne.

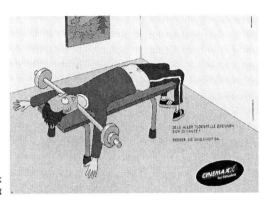

Produkt: Cinemaxx
Agentur: Jung von Matt

3.1.7. Das Kampagnen-Prinzip „Headline"

Dies bedeutet, die Produktabbildung in Kombination mit einer Headline. Die Aufgabe, das Produkt interessant zu machen, fällt ganz allein dem Text zu. Es gibt dabei unterschiedlich viele gute Lösungen. Man kann das Produkt zum Bestandteil einer Geschichte machen, einen ungewöhnlichen Anlass für seine Verwendung geben, seine Wirkung beschreiben etc. Die Sixt-Kampagne setzt dieses Prinzip, ebenso wie die Lucky Strike-Motive, beispielhaft um.

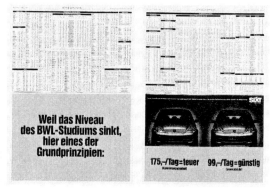

Produkt: Sixt
Agentur:
Jung von Matt

3.1.8. Das Kampagnen-Prinzip „Typo"

Hierbei wird eine reine Typo-(Schrift-)Lösung als Kampagne umgesetzt, d. h., die Typo fungiert als Bildersatz. In letzter Zeit tritt diese Art der Werbung vermehrt in der Zigaretten-Kommunikation auf, beispielsweise für Marlboro. Hintergrund ist das kommende Werbegesetz der Europäischen Union, welches erhebliche Einschränkungen bei Zigarettenwerbung vorsieht.

„Also ich glaube, Strom ist gelb."

Yello Strom

Produkt: Yello
Agentur: Kreutz & Partner

3.1.9. Der Kreative – das unbekannte Wesen

Der Umgang mit den Kollegen aus der Kreation stellt für den Kontakter grundsätzlich eine Herausforderung dar. Hier eine – selbstverständlich nicht ganz ernst zu nehmende – Kategorisierung der Kreativen sowie Tipps für den Umgang mit den einzelnen Spezialisten.

Der „Kreative" – dieser Spezies eilt ein Ruf voraus, dem sie selbst nicht immer gerecht wird:

Spontan, flexibel, innovativ, eitel, witzig/spritzig, ideenreich, dynamisch und fett/hip/cool. Aber auch ein CD muss sich den Banalitäten des Agenturalltags stellen – nämlich Stundenzettel ausfüllen, Kundentermine wahrnehmen etc. Wichtig im täglichen Umgang ist es, dieser Gattung „ohne Scheu" zu begegnen.

Diese „possierlichen" Kollegen zeigen sich selten vor 11 Uhr im Büro, überbrücken die Zeit bis zur Nahrungsaufnahme mit PC-Spielen, Zeitung blättern (auf der Suche nach der eigenen Anzeige oder „Inspiration"), Selbstbeweihräucherung und (männliche Artgenossen zumindest) sexistischen Sprüchen wie „Britta hat für ihr Alter echt noch geile Titten". Generell sind sie eher nachtaktiv.

Aber im Ernst: Der kreative Output ist letztendlich der Maßstab für die Bewertung einer Agentur. Die Spannungen zwischen Beratung und Kreation sind so systemimmanent wie das Nord-Süd-Gefälle in Deutschland. Oft wird von beiden Seiten vergessen, dass man ein Team ist und keine rivalisierenden Abteilungen. Beliebter Kommentar der Kreativen nach einer, vom Kunden abgeschossenen Idee/Kampagne: „Na, habt ihr mal wieder nichts verkauft bekommen?"; und die Revanche der Beratung: „Eure Ansätze waren nicht on Strategy" – das sind nur zwei kleine Beispiele für diese Spannungen.

Man macht sich das Beraterleben in der Agentur einfacher, indem man versucht, sich den Kreativen zum Freund zu machen. Aber Achtung: Auch unter Kreativen gibt es verschiedene Typen, die einer individuellen Behandlung bedürfen.

– Der creative Kreative

Lebt sein Werberleben inklusive aller Klischees voll aus: schwarze Kleidung, schwarzer Kaffee, nicht von dieser banalen Welt, ohne Rücksicht auf Kundenbelange, Timings etc. Kampagnen werden vornehmlich für die eigene Bewerbungsmappe, aber nicht für den Kunden/das Produkt entwickelt. Für den täglichen Umgang empfiehlt sich ein (leicht) bewundernder Unterton und ein langer Atem für Diskussionen à la „... das Logo mach' ich keinen Punkt größer" oder „fett wäre doch eine weiße Doppelseite im Stern".

– Busy Bees

Diese fleißigen Arbeitstiere sind ein Geschenk für jeden Kontakter. Sie haben auch noch nach der 13ten Layoutänderung leuchtende Augen, sind oberpflichtbewusst und denken mit (ansonsten nicht selbstverständlich). Ein Besuch beim Kunden wird als echtes Incentive eingestuft. Urlaub, neue Computer und Mittagspausen sind für sie freiwillige Zusatzleistungen der Agentur. Diese Spezies ist für Lob empfänglich und freut sich auch ehrlich darüber. Ein kollegialer Umgangston und kollegiales Verhalten reichen für ein unkompliziertes Miteinander.

– Das dröge Brötchen

Diese Kollegen fallen nicht weiter auf. Ausnahme: unter Alkoholeinfluss bei der X-Mas-Feier, wo sie endlich hemmungslos aus sich herausgehen. Zu diesem Anlass kann es dann auch mal zu leiser Kritik an der Geschäftsführung kommen.

Dröge Brötchen verkrümeln sich die restlichen 364 Tage in ihrem „Bau" und verhalten sich gegenüber Vorgesetzten und der Beratung devot. Im Umgang mit ihnen muss man nicht erfinderisch sein – klare Anweisungen genügen.

– Der Pausenclown

Kollegen dieser Art finden sich häufig im Textbereich. Sie peppen jedes Meeting und oft auch den harten Agenturalltag auf. Im Umgang mit ihnen braucht man eine lange Leine und viel Geduld. Briefingvorgaben, Timings und explizite Kundenwünsche werden oft als Witz bzw. optional verstanden.

3.2. Produktion

Im Folgenden wird ein typischer Produktionsprozess eines Print-Werbemittels aufgezeigt.

3.2.1. Briefing

Das Layout des zu produzierenden Objektes (Anzeige, Verpackung, Broschüre, Werbemittel etc.), das vom Kunden freigegeben wurde, wird der Produktion von der Grafik übergeben. Die technischen Anforderungen werden besprochen.

3.2.2. Kostenvoranschläge

Die Produktion holt Kosten für das Projekt ein. Für eventuelle Prints oder Aufsichten, Satz, Litho und Druck. Manche Kunden verlangen Preisvergleiche verschiedener Lieferanten, andere haben Stamm-Lieferanten, mit denen die Agentur zusammenarbeiten muss.
Die Kosten werden an die Beratung weitergegeben. Die Beratung teilt diese Kosten entweder mündlich oder in schriftlicher Form (immer ratsam!) dem Kunden mit. Nachdem der Kunde den Kostenvoranschlag freigegeben hat (am besten auch schriftlich), werden die Aufträge von der Produktion an den jeweiligen Lieferanten vergeben. Kriterien bei der Auftragsvergabe sind:
— Preis
— Qualität
— Termintreue
— Erfahrungen aus vergangener Zusammenarbeit
— Mögliche Datenbestandsnutzung

3.2.3. Reinzeichnung

Die Reinzeichnung ist eine Standmontage von Text und Bild nach einem vorgegebenen Layout. Das Layout, das vom Grafiker gefertigt wird, beinhaltet die genauen Textumbrüche, Fotoaufteilung, Tabellengrößen etc. Die Reinzeichnung wurde früher mit konventionellen Arbeitsmitteln wie Schere, Klebstoff etc. in Handarbeit hergestellt. Von den ausgewählten Dias wurden Fotoabzüge in der richtigen Größe eingeklebt. Sie dienten der Visualisierung der Gestaltungsidee. Der Text wurde genau eingepasst.

Heute jedoch werden alle diese Arbeiten meist über Gestaltungscomputer (DTP = Desktop-Publishing) ausgeführt. Die Grafiker und Setzer erstellen eine digitale Reinzeichnung. Der Setzer erarbeitet nach dem Layout-Satz, der vom Art Director gefertigt wird, den Aufbau für alle Schriftelemente. Das Motiv wird von der Agentur als Kopie eingesetzt. Hierfür können niedrig aufgelöste Bilder aus dem Layoutscanner genutzt werden. Mit diesen Daten, die wegen ihrer geringen Datengröße schnell und gut bearbeitet werden können, wird die Seite bzw. Doppelseite am Bildschirm aufgebaut.

Niedrig aufgelöste Bilder besitzen nur eine geringe Zahl von kleinsten Bildpunkten (Pixeln) pro Zentimeter bzw. pro Zoll (Inch). Diese Anzahl von Pixeln ist zur Bildschirmdarstellung völlig ausreichend, denn der Monitor zeigt alles in der ihm eigenen Auflösung von x mal y Bildschirmpunkten, also meist zwischen 72 und 90 dpi (dots per inch).

Für den Druck wird eine sehr viel höhere Auflösung benötigt. Je mehr Pixel pro Zoll, desto höher die Auflösung, desto feiner und detaillierter die Darstellung.

Von der komplett gestalteten Seite (Bild und Text) wird eine DTP-Kopie erstellt und dem Kunden zur Genehmigung vorgelegt. Diese DTP-Kopie entspricht der Reinzeichnung, jedoch ohne Auszeichnung (Typo, Farbe, Bildbearbeitung, zusätzliche Elemente wie Logos etc.). Die DTP-Kopie mit Auszeichnung ist eine verbindliche Vorlage für Verlage und Lithographen. Wenn Verlage keine Lithos wünschen, bekommen diese immer eine Reinzeichnung und eine Aufsicht.

Im Unterschied zur DTP-Kopie kann eine Reinzeichnung in 100%iger Größe als Original genutzt werden. Die DTP-Kopie wird oft proportional verkleinert, beispielsweise auf 90% der Originalgröße. Gibt es in dieser Phase seitens des Kunden noch Textkorrekturen, so werden diese vom Kundenberater an Grafiker und Texter weitergeleitet. Der neu gesetzte Text muss dann nochmals vom Lektorat und innerhalb der Agentur Korrektur gelesen und freigegeben werden.

3.2.4. Vorlagenerstellung

Für Abbildungen/Motive müssen Vorlagen erstellt werden. Die Qualität einer Vorlage hat entscheidenden Einfluss darauf, wie gut das Bild später im Druck aussieht. Jede Vorlage ist ein Einzelfall mit oft subjektiven Erwartungen des Kunden, die gemeinsam von Produktion und Kundenberatung erfragt und transportiert werden müssen.

Es gibt drei verschiedene Möglichkeiten, Druckvorlagen herzustellen:

a) Rush-Prints
b) C-Prints
c) Aufsichten

a) Rush-Prints
  Rush Prints sind Direktvergrößerungen auf Colorpapier von Diapositiven. Sie können in verschiedenen Größen von 13 x 18 cm bis 50 x 60 cm gefertigt werden.

b) C-Prints
  Zur Anfertigung von C-Prints werden zunächst von den Diapositiven Negative hergestellt. Diese Negative werden dann auf Colorpapier vergrößert. Es sind die gleichen Größen möglich wie bei den Rush-Prints.
  Die Qualität eines C-Prints ist besser als die eines Rush-Prints, denn der Zwischenschritt über das Negativ ermöglicht Maskierungen (z.B. Umfärben einzelner Bildelemente), Freistellungen (Bildmotiv vom Hintergrund isolieren) etc. Auf diese Weise lassen sich beispielsweise auch die Fondtöne umfärben.

c) Aufsichten
  Ausgangsmaterial zur Erstellung einer Aufsicht ist ebenfalls ein Diapositiv (Durchsicht). Dieses Dia wird im Druckvorlagen-Studio mit einem Hochleistungsscanner gescannt. In der EBV (Elektronische Bildverarbeitung) werden notwendige Arbeiten wie Maskierungen, Freistellungen, Montagen, Retuschen etc. vorgenommen. Der Datenbestand wird dann in einem üblichen Format von z.B. 40 x 50 cm auf Fotopapier zu einer hochwertigen Farbvorlage zusammenbelichtet.

Mit einer Aufsicht dieser Größe kann optimal gearbeitet werden. Wenn eine Aufsicht für ein Anzeigenmotiv gefertigt wird, kommt es häufig vor, dass die gleiche Aufsicht mehrmals benötigt wird. Es muss sichergestellt werden, dass alle Verlage eine Aufsicht von gleichbleibender Qualität erhalten.

Wird eine Anzeige beispielsweise gleichzeitig in zwölf Zeitschriften geschaltet, müssen zusätzlich zu der ersten Aufsicht noch elf Fortdrucke gefertigt werden. Da diese Fortdrucke direkt nach Fertigstellung der Aufsicht aus dem bereits vorhandenen überarbeiteten Datenbestand gefertigt werden, liegen die Kosten für einen Fortdruck deutlich unter denen einer ersten Aufsicht.

Sollte einige Tage später nochmals eine weitere Druckvorlage gebraucht werden, so ist dies kein Fortdruck mehr, sondern ein Nachdruck. Die Anfertigung eines Nachdruckes erfordert einen höheren Aufwand. Die Daten sind herauszusuchen, einzulesen, die Datei ist zu öffnen etc. Aus diesem Grunde liegt dieser Nachdruck preislich zwischen dem Fortdruck und der ersten Aufsicht.

Die Aufsicht ist die hochwertigste Druckvorlage. Dadurch, dass das Motiv in digitaler Form vorliegt, sind auch die meisten Manipulationsmöglichkeiten gegeben.

Der Produktioner legt zusammen mit dem Art Director notwendige Änderungen der jeweiligen Druckvorlage fest, bis schließlich ein optimales Ergebnis vorliegt. Die fertige Druckvorlage dient als absolut verbindliche Abstimmvorlage. Sämtliche weiteren Produktionsschritte, wie Reproduktion und Druck, müssen diese Vorlage so gut wie möglich wiedergeben.

3.2.5. Reproduktion/Litho

Die Hauptaufgaben des Vorstufenbetriebes (Lithoanstalt) sind:
- die hochauflösende Digitalisierung der Bildvorlagen (in der Regel Aufsichten, Prints oder Dias,
- die fachgerechte Bearbeitung der Daten nach Kundenwünschen,
- die druckgerechte Aufbereitung der angelieferten Rein-

zeichnungsdaten in Verbindung mit den selbst produzierten Bilddaten und
– die Lieferung von verbindlichen Farbproofs bzw. Andrucken.

Der Vorstufenbetrieb erhält die Farbprints (DTP-Kopien) mit den Reproanweisungen, die Bildvorlagen (Aufsichten/Prints/Dias) und per ISDN oder mittels eines externen Speichermediums die Reinzeichnungsdaten.

Das ISDN (Integrated Service Digital Network = dienstintegriertes digitales Fernmeldenetz) ist ein von der Telekom unterhaltenes Postnetz, das sowohl für den Fernsprechverkehr als auch für die Datenfernübertragung eingesetzt wird. Mit ISDN werden digitale Daten ohne jede Umformung übermittelt. Damit die Datenübertragung möglich ist, muss der Computer mit einer ISDN-Karte und der entsprechenden Treiber-Software ausgerüstet werden.

Sinnvoll ist eine Übertragungsrate von mindestens 128 Bits, dieses entspricht 0,02 Megabyte pro Sekunde. Enthält eine vierfarbige DIN A4-Seite beispielsweise 15 Megabyte, so würde die Übertragung 750 Sekunden bzw. 12,5 Minuten dauern. Sollen die Daten einer mehrseitigen Broschüre verschickt werden, so ist stundenlang die ISDN-Leitung blockiert. Bei einer langen ISDN-Übertragung besteht auch immer die Gefahr, dass die Daten unvollständig ankommen. Außerdem hat der Empfänger der Daten keine DTP-Kopie zur Kontrolle.

Die Daten können auch auf externen Speichermedien angeliefert werden. Übliche Datenträger sind beispielsweise CD-ROMs, Disketten, ZIPs (Diskette mit einem Vielfachen an Speicherkapazität im Vergleich zu einer normalen 3,5"-Diskette) oder magnetische Wechselplatten (Cartridges). Die Cartridge von z.B. Syquest ist mit 44, 88, 200 und 270 Megabyte Speicherkapazität erhältlich.

Häufig kommt es vor, dass sich Bildmotive wiederholen. In diesen Fällen kann auf den in der Lithoanstalt vorhandenen Datenbestand zurückgegriffen werden. Allerdings ist eine Verwendung des Datenbestandes nicht immer möglich. Entscheidend ist die Größe, in der die Abbildung gedruckt werden soll. Jedes Bildmotiv ist in einer bestimmten Größe eingescannt und gespeichert. Es besitzt somit eine bestimmte Anzahl von Pixeln, die auf diese Größe verteilt werden.

Damit das Bild nicht „pixelig" erscheint und an Schärfe und Kontrast verliert, gilt als Obergrenze für den Vergrößerungsfaktor der Wert 200%. Verkleinerungen sind möglich bis zu 20% der Originalgröße.

Zur Erstellung der Lithos benötigt der Reproduktioner neben der DTP-Kopie, die u.a. Angaben über Format und Stand enthält, Vorgaben für:

a) Auflagenpapier-Qualität und Druckfarben
b) Sonderfarben/4-Farb-Skala
c) Rasterweite
d) Anschnitt/Satzspiegel

a) Auflagenpapier-Qualität und Druckfarben
Angaben über Art des Auflagenpapiers, zur Skala der verwendeten Druckfarben, zur Anzahl der verwendeten Druckfarben, zu Sonderfarben und nicht zuletzt zum Druckverfahren.
Bei Anzeigen ist darauf zu achten, ob alle Sonderfarben aus der 4-Farb-Skala gelöst werden müssen.

b) Sonderfarben/4-Farb-Skala
Zur Produktion der Lithos müssen genaue Farbangaben vorliegen, sonst werden falsche Lithos produziert. Es gibt die Euroskala (eine 4-Farb-Skala), die sämtliche Farben aus den drei Grundfarben Yellow (Gelb), Magenta (Rot), Cyan (Blau) und der zusätzlichen Tiefe Black (Schwarz) löst. Können Sonderfarben nicht über die Euroskala gelöst werden, müssen in den meisten Fällen Sonderfarben eingesetzt werden. Hierfür gibt es die so genannten Vollton-Farbfächer der HKS- und der Pantone-Töne. Die Abweichung von Euroskala-Tönen und Volltönen ist eine Falle für die Umsetzung von Printwerbemitteln. Die Beratung sollte hier immer ein Auge darauf haben und sich zur Not in der Grafik rückversichern, in welcher Skala die Töne angelegt sind.

c) Rasterweite

Gedruckte Farbbilder setzen sich aus vier getrennten Rasterbildern zusammen – eines für jede der Druckfarben Cyan, Magenta, Yellow und Schwarz (Tiefe). Theoretisch genügen die ersten drei, doch haben diese Farben gewisse Mängel, die es verhindern, ein richtiges Schwarz zu erzeugen. Deshalb wird für den Kontrast in den Bildern noch zusätzliches Schwarz verwendet.

Die Rasterweite gibt an, wie fein ein Raster angelegt ist. Sie wird in Linien pro Inch (lpi) oder pro Zentimeter (L/cm) angegeben. Je höher die Rasterweite, desto feiner das Raster und desto besser die kontinuierliche Tonskala des Bildes. Die Rasterweite darf jedoch nicht zu hoch sein, da die Punkte sonst auf dem Papier ineinander laufen. Das Ergebnis ist ein verringerter Kontrast, das Bild wirkt dunkler, und die Einzelheiten in den dunklen Bildbereichen verschwinden.

Ob ein grobes oder feines Raster verwendet wird, hängt von der Papierqualität und dem Druckvorgang ab. Auch der Tonwertbereich der Vorlage beeinflusst die Wahl der Rasterweite. Für den hochwertigen Offset- und Tiefdruck gilt als Standard das „60er Raster", dieses entspricht einer Rasterfrequenz von 150 lpi bzw. 59 L/cm.

d) Anschnitt/Satzspiegel

Bei Anzeigen ist die Angabe wichtig, ob es sich um eine Satzspiegel-Anzeige oder um eine angeschnittene Anzeige handelt. Unter Satzspiegel versteht man die zu bedruckende Fläche einer Seite, mit Ausnahme der Seitenzahl. Grundsätzlich stehen alle TZ (Tageszeitungs)-Anzeigen im Satzspiegel und nie im Anschnitt. Eine Anzeige steht im Anschnitt, wenn Bilder über die Kante einer Druckseite (Satzspiegel) hinausgehen. Die Dateien müssen so vorbereitet werden, dass Bilder als Minimum 3 mm über den vorgegebenen Beschnittrand hinausreichen.

Es ist wichtig vor Erstellung der Reinzeichnung/DTP-Kopie zu wissen, ob das Format im Satzspiegel oder Anschnitt angelegt werden soll, da sonst ein falsches Format produziert wird oder die CI (Corporate Identity = Gestaltungsrichtlinien) bzw. das Gestaltungskonzept einer Kampagne nicht eingehalten wird.

3.2.6. Andruck-/Proofvorlage

Andrucke oder Proofs geben der Agentur die Möglichkeit, vor Druckbeginn einen Abzug der vollständigen Seite in den Händen zu halten. Diese sind unerlässlich für die Kontrolle des Produktionsprozesses, erleichtern das Genehmigungsverfahren und dienen später dem Drucker als farbverbindliche Abstimmvorlage.
Es gibt verschiedene Arten von Andrucken/Proofs:
a) Offsetandruck
b) Analogproof
c) Digitalproof

a) Offsetandruck
    Andrucke sind Druckproben, die genau zeigen, wie ein Auftrag auf der Druckmaschine aussehen wird. Die unterschiedlichen Druckvariablen wie Papier, Druckfarbe sowie Tonwertzuwachs der Druckmaschine lassen sich beim Andruckverfahren weitestgehend simulieren. Unter Tonwert- oder Punktzuwachs versteht man den Wert, um den die Größe eines Rasterpunktes zwischen Film, Druckplatte und der Druckseite zunimmt. Dieser Wert ist eine unvermeidbare Variable jedes Druckverfahrens.
    Für Offsetandrucke sind Druckplatten erforderlich und die Druckmaschine muss eingefärbt werden, d.h. Zeit- und Materialaufwand sind höher als bei anderen Proofverfahren.

b) Analogproof
    Das Analogproof, wie beispielsweise das Cromalin, wird von den Filmauszügen gefertigt, die später auch zur Herstellung der Druckplatten verwendet werden. Dieses Verfahren bietet ein ganzes Sortiment von Farben und liefert neben dem Andruck die höchstmögliche Wiedergabegenauigkeit.Die Proofmaterialien bestehen aus mehreren Farbschichten oder Tonern, die auf einem einzigen Grundmate-

rial verarbeitet werden. Die Besonderheit des Cromalins ist, dass jede mögliche Sonderfarbe (HKS- oder Pantone-Ton) wiedergegeben werden kann. Diese Schmuckfarben werden noch mit der Hand aufgetragen.

c) Digitalproof

Beim Digitalproof wird direkt aus der gespeicherten Seitendatei gedruckt, ohne Filmauszüge anzufertigen. Diese Farbproofs liefern einen recht guten Eindruck davon, wie das fertige Druckstück aussehen wird.

Beispiele für Digitalproofs sind Thermotransfer-, Farbsublimations- und Tintenstrahlverfahren. Zur letztgenannten Gruppe gehört beispielsweise das schon recht weit verbreitete Iris-Proof.

Weil keine Filme benötigt werden, sind Digitalproofs wirtschaftlicher als Analogproofs oder Andrucke. Digitalproofs lohnen sich allerdings kostenmäßig ab zwei benötigten Andrucken (ein Andruck zum Abstimmen, ein Andruck für den Drucker) nicht.

Die Andrucke/Proofs werden unter Normlicht (Standardlicht) von Produktion, Grafik und Kundenberatung beurteilt. Für die Abmusterung in der Druckindustrie muss gewährleistet sein, dass es sich um ein „kontinuierliches Spektrum" handelt, das dem Tageslicht entspricht.

Nachdem die Andrucke/Proofs mit den Farbvorlagen (Dias, Aufsichten, Prints) verglichen wurden, müssen zusätzlich noch Stand und Text überprüft werden. Wenn man Fehler oder Abweichungen zu dem gewünschten Ergebnis feststellt, werden diese auf dem Andruck/Proof vermerkt.

Das gesamte Kundenteam, also Art Director, Texter, Berater, Creative Director und Geschäftsführer, sollten diese Andrucke/Proofs freigeben. Die in der Agentur zuvor besprochenen Korrekturen werden ausgeführt. Größere Korrekturen machen eine zweite Andruck-/Proofvorlage erforderlich.

Nach erfolgter Kundenfreigabe werden die korrigierten Filme mit dazugehörigem Andruck/Proof an die Verlage, bei denen eine Anzeige gebucht wurde, verschickt.

3.2.7. Druckverfahren

Es gibt verschiedene Arten von Druckverfahren. Typische Verfahren sind:
a) Offsetdruck (Bogenoffset, Rollenoffset)
b) Tiefdruck
c) Hochdruck
d) Siebdruck
e) Digitaldruck

a) Offsetdruck
Offsetdruck ist das meist verbreitete Druckverfahren. Bei diesem Verfahren wird das Bild von einer seitenrichtigen Druckplatte auf ein Gummituch und von dort auf den Bedruckstoff übertragen. Druckplatten auf Aluminiumbasis werden so behandelt, dass die druckenden Flächen Wasser abweisen. Beim Drucken wird die Platte erst mit Wasser und dann mit Druckfarben auf Ölbasis befeuchtet, die auf den druckenden Flächen aber nicht an den feuchten, nicht druckenden Flächen haften.
Das Offsetverfahren ist eine Drucktechnik, die für einfache Jobs wie beispielsweise einfarbige Visitenkarten genauso geeignet ist, wie für einen sechsfarbigen, zwölfseitigen Folder. Das Papier wird auf zwei verschiedene Arten der Druckmaschine zugeführt: als Bogen oder als Rolle.
Bogendruckmaschine: Eine Druckmaschine, auf der vorgeschnittene Bogen bedruckt werden. Bogenoffset wird meist für qualitativ hochwertigen Druck eingesetzt. Im Vergleich zu Rollendruckmaschinen erlauben Bogendruckmaschinen eine bessere Kontrolle.
Rollendruckmaschine: Eine Druckmaschine, auf der eine Endlospapierbahn (Rolle) an Stelle von einzelnen Bogen bedruckt wird. Rollendruckmaschinen sind meist schneller als Bogendruckmaschinen und können mit nachgeschalteten Falzstraßen und anderen Finishing-Geräten gekoppelt sein. Falzapparate unterschiedlicher Konstruktionen liefern fertig gefalzte, geheftete und geleimte Druckprodukte verschiedener Art. Rollenoffset ist das gängige Verfahren für Zeitungsdruck und für Offsetprodukte,

die Auflagen von mehreren zehntausend Stück erfordern.

b) Tiefdruck

Ein anderes übliches Druckverfahren ist der Tiefdruck. Dieses Verfahren verwendet gravierte Metallzylinder, auf denen sich die Druckfarbe in winzigen Vertiefungen befindet. Diese Zylinder werden gegen das Papier gepresst, um so das Druckbild zu erzeugen.

Tiefdruck ist besonders wirtschaftlich durch die Verwendung preiswerter Papiere, selbst für hochwertige Drucksachen. Kleine Auflagen lohnen sich jedoch nicht, da die Herstellung der Druckform verhältnismäßig teuer ist. Einsatzgebiete sind beispielsweise der hochauflagige Illustrations-, Katalog- und Verpackungsdruck.

c) Hochdruck

Beim Hochdruck kommen alle drei Druckprinzipien vor: Fläche gegen Fläche, Zylinder gegen Fläche, Zylinder gegen Zylinder. Die flachliegenden Druckformen sind entweder Bleisatz oder Klischees verschiedener Art.

Zum Hochdruck gehören unter anderem der Buchdruck und der Flexodruck. Beides sind direkte Verfahren.

Der Buchdruck ist das älteste Druckverfahren. Da sich der technische Fortschritt eindeutig zum Fotosatz bzw. Desktop-Publishing und Offsetdruck verlagert, ist der traditionelle Buchdruck mit Bleisatzform immer mehr im Rückgang.

Eine andere Variante des direkten Hochdrucks entwickelte sich vom Gummiklischee her und führte zum Flexodruck-Verfahren. Es werden Papier, Folie und Kunststoff rationell durch eine erhabene Druckfolie aus Weichgummi oder durch eine Fotopolymerplatte bedruckt. Der Flexodruck ist für mehrfarbige Massendrucksachen geeignet, wie Postwurfsendungen, Tragetaschen, Etiketten etc.

d) Siebdruck

Der Siebdruck unterscheidet sich von anderen Druckverfahren dadurch, dass bei ihm kein Anpressdruck durch flache oder zylinderförmige Druckkörper erfolgt.

Die Farbe wird mit einem Rakel durch eine Schablone im Gewebe (Sieb) auf den Bedruckstoff übertragen. Diese

Technik macht es möglich, dass außer Papier auch viele andere Materialien bedruckt werden können. Einige typische Siebdruckprodukte sind Verpackungsmittel aller Art aber auch Haftetiketten, Schilder, Plakate sowie Werbemittel wie Tassen, T-Shirts, Kugelschreiber.

e) Digitaldruck

Beim Digitaldruck entfällt der Zwischenschritt der Filmherstellung. Es gibt verschiedene digitale Druckverfahren und -maschinen. Einige, etwa die Heidelberger GTO-DI, sind Druckmaschinen, bei denen Spezialplatten mit digitalen Daten belichtet werden. Andere, z.B. Agfa Chroma Press, übertragen digitale Daten auf elektrofotografische Zylinder und verwenden Toner zur Ausgabe von Vierfarbseiten. Durch den Digitaldruck werden Kleinauflagen rentabel und Schnellschüsse problemlos.

Eine weitere Form des Digitaldrucks ist der digitale Großflächendruck (Blow-up). Blow-ups sind Riesenwerbeflächen zwischen 100 und 1.000 qm oder auch mehr.

Mit dem Scanner digitalisierte und am Computer geschaffene Bilder können unmittelbar aus dem Datenbestand in beliebiger Größe ausgedruckt werden – ganz gleich ob auf Folie, Plane, Stoff oder Papier. Das fertige Bild wird in Form von elektronischen Signalen an vier Farbdüsen weitergeleitet. Diese spritzen das Motiv in Linien auf eine mit dem Trägermaterial bespannte rotierende Walze. Meistens muss ein Bild in mehreren Bahnen gedruckt werden, die anschließend aneinandergeschweißt werden.

Dieses Verfahren ist besonders rentabel für Unikate oder kleine Auflagen, wie sie beispielsweise im Messebau benötigt werden. Blow-ups werden vorzugsweise an Baugerüsten oder aber an Hausfassaden angebracht.

3.2.8. Papier

Papier Qualität wird von folgenden Eigenschaften bestimmt:
a) Gewicht und Papierstärke
b) Oberfläche des Papiers
c) Opazität

a) Gewicht und Papierstärke
   In der Praxis macht man folgende Unterschiede:
   – Papier: von 30 bis 135 g/qm
   – Karton: von 150 bis 600 g/qm

b) Oberfläche des Papiers
   Dieser Faktor bestimmt in hohem Maße die Qualität des Papiers. Je geschlossener und glatter die Oberfläche, desto höher ist die Qualität des Drucks. So unterscheidet man:
   – maschinenglatte Oberflächen (Papiere kommen direkt aus der Papiermaschine mit leicht rauer Oberfläche, z. B. Zeitungspapier),
   – satinierte Oberflächen (Nachbehandlung durch einen Glättezylinder),
   – gestrichene Oberflächen (wenn der Aufstrich innerhalb der Papiermaschinen erfolgt, spricht man von maschinengestrichenen Papieren, z. B. Bilderdruckpapiere; Kunstdruckpapiere werden dagegen außerhalb der Papiermaschine mit einem Kreidestrich versehen).

c) Opazität
   Die Opazität gibt die Lichtdurchlässigkeit von Papier an. Das ist wichtig, wenn das Papier beidseitig bedruckt werden soll.
   Die Opazität hängt stark von der Papiersorte ab. Ein 50 g/qm Zeitungspapier kann eine gute Opazität haben, d. h. wenig lichtdurchlässig sein, während manche ungeglätteten Papiersorten von 100 bis 200 g/qm viel lichtdurchlässiger sind. Jedes Druckverfahren und jede Weiterverarbeitung stellt spezifische Anforderungen an das Papier.
   Beim Offsetdruck wird nicht direkt auf das Papier gedruckt, sondern auf einen elastischen Zwischenzylinder (Gummizylinder) und von diesem dann auf das Papier. Dies hat den beträchtlichen Vorteil, dass auch mindere, z. B. raue, ungleichmäßige Papiersorten oder auch strukturierte Kartons mit hervorragenden Ergebnissen bedruckt werden können. Das federnde Gummituch passt sich jeweils der Papieroberfläche an.

Die verwendeten Papiere müssen genügend geleimt sein, damit sie nicht rupfen. Die Offsetfarben sind pigmentreich und klebrig und beanspruchen die Papieroberfläche ebenso wie das Wischwasser, das von der Druckplatte bis auf das Papier gelangt, es geringfügig anfeuchtet und bei nicht ausreichender Leimung dessen Festigkeit schwächen würde. Der Tiefdruck erfordert vor allem saugfähige, geschmeidige Papiere, die aus diesem Grund nur schwach geleimt sind. Damit Farben kontrastreicher wiedergegeben werden, ist das Papier in der Regel gestrichen.

Gemäß den für den Tiefdruck typischen Aufträgen (Periodika, Kataloge) ist das Papiergewicht niedrig (zwischen 39 und 80 g/qm) woraus sich der Name LWC (Light Weight Coated) für die gängigste Papiersorte ergibt. LWC-Papiere sind zweiseitig maschinengestrichene Rollenpapiere, die auch für den Rollenoffset geeignet sind.

Die lösemittelhaltige Tiefdruckfarbe wird sofort nach dem Druck in einem Durchlaufofen getrocknet, so dass das Papier nach dem Aufsaugen der nassen Farbe noch der Beanspruchung der plötzlichen Trocknung standhalten muss. Wegen seiner Farbkraft findet der Tiefdruck oft im Verpackungsdruck Verwendung. Die dort verwendeten Papiere können voll geleimt sein, es eignen sich auch Kunstdruck- und Chromapapiere.

Der Hochdruck erfordert keine eigenen Papiereigenschaften, die nicht auch von offsetfähigen Papieren abgedeckt würden.

Die belastbare, sich kaum abnützende Druckform des Flexodrucks eignet sich bestens zum Bedrucken von rauen Materialien, z.B. der Verpackungsindustrie. Es wird auch viel auf Folie gedruckt, wobei die Trocknung der Farben ein Trockner besorgen muss.

Beim Siebdruck wird wesentlich mehr Kunststoff als Papier bedruckt. Die Anforderungen richten sich hauptsächlich nach dem Verwendungszweck.

Die Druckbogen, die aus der Druckmaschine kommen, müssen noch verschiedene Binde- und Weiterverarbeitungsschritte durchlaufen, ehe der Auftrag versandfertig ist und abgeschlossen werden kann.

3.3. FFF (Film/Funk/Fernsehen)

Die Abteilung FFF wickelt zwar sowohl TV-, Kino- als auch Hörfunk-Spots ab. Am interessantesten ist natürlich der TV- bzw. Kino-Spot. Deshalb wird hier die schrittweise Entstehung eines TV-Spots beschrieben.

3.3.1. TV-Spot

Treatment/Storyboard/Animatic
Nach dem Briefing des Kunden entwickelt die Agentur erste Ideen und schreibt sie in Textform nieder (Treatment). Nach Präsentation beim Kunden und Freigabe eines Treatments wird ein Storyboard erstellt. D. h. die Schlüsselszenen der Handlung werden bebildert und mit Sprachelementen versehen. Nach Storyboardfreigabe wird die FFF in das Projekt integriert. Sie checkt das Board auf technische, logistische und finanzielle Umsetzbarkeit. Eventuell wird ein Animatic (künstlich bewegte/animierte Bilder) des Storyboards für einen Pre-Test produziert. Daraus ergibt sich gegebenenfalls eine Optimierung bzw. Umarbeitung/Neugestaltung des Storyboards.

Pre-Production
Nach Vorgabe der Kreation wird von der FFF ein Regisseur/ eine Filmproduktion gesucht. Die Produktion gibt einen Kostenvoranschlag ab. Für einen Kostenvergleich werden in der Regel ein bis drei Angebote eingeholt. Der Kostenvoranschlag, der Regisseur sowie das Timing werden mit dem Kunden abgestimmt bzw. freigegeben. Die Filmproduktion startet, in ständiger Absprache mit dem Agentur-Producer, die Pre-Production. Darunter versteht man z.B. Casting (Vorschläge für die Darsteller) und Locationsuche (Location = Ort des Drehs bzw. Shootings). Ein bis zwei Wochen vor Drehbeginn findet das so genannte PPM (Pre-Production-Meeting) statt. Teilnehmer sind Kunde, Kreation, Beratung, Producer, Filmproduktion und Regisseur. Inhalt des PPM sind alle relevanten Punkte bezüglich der Produktion des eigentlichen Films und der Post-Production wie beispielsweise Regieauffassung, Casting, Location, Bekleidung, Musik/Vertonung.

Dreh

Der eigentliche Dreh kann entweder „on location" (Outdoor oder Indoor) oder im Studio stattfinden. Manche Kunden bestehen darauf, beim Dreh dabei zu sein, andere können aufgrund der Vielzahl der zu produzierenden Spots nicht vor Ort sein. Auf jeden Fall ist immer ein Mitglied der Kreation, je nachdem wer den Spot geschrieben hat, vor Ort, meist ein CD Text.

Post-Production

Im Anschluss an die Dreharbeiten beginnt die Post-Production. Hierunter versteht man das Sichten des Materials, Schnittvarianten (inkl. Directors Cut = die vom Regisseur favorisierte Variante), Vertonung und die Endfertigung des Masterbandes. Sämtliche Stufen werden mit dem Kunden abgestimmt.

Timing

Hauptaufgabe der Kundenberatung bei der Produktion eines TV-/Kino-Spots ist das Einhalten des Timings. Nach dem ersten Einschalttermin (On-Air-Termin) richtet sich die Deadline (letztmöglicher Zeitpunkt) für das Vorliegen der Sendekopien bei den Sendern. Hierbei ist zu beachten, dass die meisten Sender einen Vorlauf (private Sender ca. 5 Arbeitstage, öffentlich-rechtliche ca. 10 Arbeitstage) benötigen, um den Spot auf moralische und rechtliche Unbedenklichkeit zu prüfen. Die Anlieferung der Sendekopien muss also 5-10 Tage vor dem ersten Einschalttermin erfolgt sein.

Kosten

Daneben ist das Cost-Controlling eine weitere Herausforderung für die Kundenberatung. Der Kunde muss permanent über den aktuellen Stand der Kosten informiert sein, um notfalls nachzubudgetieren. In den meisten Fällen liegen die Kosten nämlich über dem ursprünglichen Kostenvoranschlag. Achtung: nicht zu unterschätzen sind die Folgekosten für Musikkompositionen bzw. Rechteankauf vorhandener Musik.

Erstausstrahlung

Die Kontrolle der richtigen Erstausstrahlungen im TV kann optional von der Beratung respektive der FFF oder Mediaabteilung durchgeführt werden. Wichtig ist nur, dass sie vorgenommen wird.

3.3.2. Kino-Spot

Die Produktion eines Kino-Spots folgt denselben Regeln wie ein TV-Spot. Hier gibt es jedoch eine Mindestlänge von 20 Metern für den Spot (ein Meter entspricht hierbei 2,4 sec). Zudem muss der fertige Kino-Spot der FSK (Freiwillige Selbstkontrolle) eingesandt werden. Die Einreichung der Sendekopien erfolgt ca. sechs Wochen vor dem ersten On-Air-Termin.

3.3.3. Funk-Spot

Nach Agenturbriefing, Konzepterstellung und Präsentation der Funk-Spots (da Funk ein relativ günstiges Werbemedium ist, werden zumeist mehrere Spots produziert und geschaltet) beim Kunden werden ein bzw. mehrere Funk-Spots freigegeben. Die FFF holt die Kosten ein und beauftragt das Tonstudio und/oder die Musikproduktion. Nach Timing- und Budgetfreigabe durch den Kunden veranlasst die FFF ein Sprechercasting. Nach Selektion durch die Kreation wird die Agenturempfehlung dem Kunden präsentiert. Der Texter begleitet und überwacht die Produktion (Sprache, Geräusche, eventuell Musik) im Tonstudio.

Dank moderner Technologien wie ISDN ist es heute kein Problem, wenn der Sprecher im spanischen Tonstudio hockt, die Produktion aber in Hamburg stattfindet. Nach erfolgreicher Präsentation, und somit Freigabe des Kunden, wird ein Masterband erstellt. Die Sendekopien werden an die Sender verschickt.

Auch bei der Produktion von Funk-Spots muss die Kundenberatung besonders auf das Timing und die Kosten achten.

3.4. Marktforschung

Die im Folgenden vorgestellten Erhebungsinstrumente Storetest, Markttest und die Werbewirkungsforschung sind nahezu ausschließlich darauf ausgerichtet, möglichst konkrete Informationen über die Absatzchancen bestimmter Produkte zu gewinnen.

3.4.1. Produkttest

Als Produkttest bezeichnet man eine experimentelle Untersuchung, bei der Testpersonen (i.d.R. aus der definierten Zielgruppe) Produkte probeweise ge- oder verbrauchen und danach zu ihren Erfahrungen mit dem Produkt befragt werden. Die Testprodukte können hierbei sowohl Prototypen (also noch in der Entwicklung) oder bereits im Markt befindliche Produkte sein.

Generelle Ziele von Produkttests sind:
I) Testziele, bei noch nicht auf dem Markt befindlichen Produkten
  a) Ermittlung von Produktalternativen
  b) Ermittlung des (aus Verbrauchersicht) besten Produktes aus einer Reihe von Produktalternativen
  c) Ermittlung der optimalen Gestaltung einzelner Produktmerkmale (Produktkern, Packung, Preis, Name etc.)
  d) Testen eines Produktes als Ganzes auf Gebrauchstauglichkeit und Imagewirkung und damit auf seine Marktchance

II) Testziele, bei schon auf dem Markt befindlichen Produkten
  a) Überprüfung der Gebrauchstauglichkeit und Imagewirkung im Vergleich zu Konkurrenzprodukten
  b) Ursachenanalyse bei möglichen Marktanteilsverlusten
  c) Überprüfung der Wirkungen von kostensenkenden Maßnahmen im Produktionsbereich
  d) Überprüfung der Wirkungen von Änderungen des Produktes als Ganzes oder einzelner Produktbestandteile (z. B. Produktvariation, Produktdifferenzierung, Relaunch)

Die zahlreichen Anwendungsmöglichkeiten von Produkttests kommen in einer Vielzahl möglicher Testvarianten zum Ausdruck. Übergeordnete Untersuchungskriterien sind:

1.1. Testumfang
Ein Volltest liegt vor, wenn sämtliche Teilkomponenten eines Produktes (z.B. Packung, Produktäußeres, Marke, Preis) getestet werden sollen. Beim Partialtest wird hingegen nur die Wirkung einzelner Produkteigenschaften oder Merkmale untersucht.

1.2. Form der Darbietung
Hier spricht man von Blindtests (Produkt ist neutral verpackt oder lässt ansonsten keinen Hinweis auf Hersteller oder Marke zu), identifizierten Tests (Produkt wird mit marktüblicher Verpackung getestet) oder teil-neutralisierten Produkttests (einzelne Teile des Produktäußeren werden neutralisiert).

1.3. Zeitdauer
Beim Kurzzeittest kommen spontane Produkteindrücke und -empfindungen der Probanden aufgrund einmaliger und kurzzeitiger Konfrontation mit dem Testobjekt zur Überprüfung. Bei einem Langzeittest wird den Testpersonen das Testprodukt zum mehrmaligen Gebrauch mit nach Hause gegeben.

Weitere Kriterien sind die Zahl der einbezogenen Produkte, der Testort sowie der Informationsbedarf (des Auftraggebers).

3.4.2. Storetest

Als Storetest bezeichnet man einen probeweisen Verkauf von Produkten unter kontrollierten Bedingungen in ausgewählten Einzelhandelsgeschäften. Er dient der Überprüfung des Absatzpotenzials neu entwickelter oder geänderter Produkte (Produktrelaunch), d. h. bei einem reinen Storetest werden nur Abverkäufe registriert. Folgende Fragestellungen können mittels eines Storetests beantwortet werden:

a) Bei Produktneueinführungen bzw. -änderungen
- Verkaufschancen des Produkts
- Auswirkungen gegebenenfalls auf die gesamte Produktfamilie
- Auswirkungen auf Konkurrenzprodukte
- Eignung von Packung und Verpackung (Größe, Format, Gestaltung)
- optimale Preissetzung

b) Bei bereits eingeführten Produkten
- Verkaufsauswirkungen von Sonderplatzierungen bzw. Veränderungen von Platzierungsflächen
- Verkaufsauswirkungen von Promotionmaßnahmen (Zugaben, Sonderausstattungen, Displays, Sonderpreise etc.)

Der Grundgedanke eines solchen „Ausprobierens" ist nicht neu und wurde, wenn auch mehr oder weniger unsystematisch, von den meisten Herstellern schon immer ausgeführt. Da der Storetest generell nicht repräsentativ angelegt ist, genügt ein Umfang von 10 - 25 Geschäften. Storetests werden inzwischen auch von Marktforschungsinstituten angeboten, die in einigen Städten so genannte Storetest-Panels unterhalten.

3.4.3. Markttest

Ein Markttest ist das realitätsnaheste Verfahren, um Marktchancen von Produkten zu prüfen. In einem räumlich begrenzten Gebiet werden vorgesehene Marketingmaßnahmen simuliert und deren Erfolg gemessen. Gründe für einen Markttest können sein:
a) eine geänderte Marketingkonzeption für ein eingeführtes Produkt,
b) ein geändertes Produkt,
c) ein neues Produkt im Rahmen einer eingeführten Produktfamilie,
d) ein gänzlich neues Produkt.

Die Auswahl des Testmarktes muss folgenden Bedingungen genügen:
a) er soll in seiner Struktur dem Gesamtmarkt entsprechen,
b) er soll eine dem Gesamtmarkt vergleichbare Mediastruktur aufweisen,
c) es sollten geeignete Marktforschungs-Einrichtungen zur Verfügung stehen.

Zur Ermittlung einer durch Werbung ausgelösten Verhaltensreaktion ist es erforderlich zwei Märkte (einen Test- und einen Kontrollmarkt) zu bestimmen, in denen dann beispielsweise unterschiedliche Kampagnen durchgeführt werden, während der Einsatz von den übrigen absatzpolitischen Instrumenten konstant gehalten wird. Dies können entweder zwei vergleichbare regionale Testmärkte sein, oder es werden die Ergebnisse eines Testmarktes den Ergebnissen des Gesamtmarktes gegenübergestellt. Die unterschiedlichen Werbewirkungen der zwei Testkampagnen ergeben sich nun durch den Vergleich der beobachteten relativen Absatzveränderungen. Unterstellt wird bei dieser Vorgehensweise allerdings, dass die äußeren Einflussfaktoren in beiden Märkten übereinstimmen.

Markttests sind teuer (ab ca. TDM 500) und weisen darüber hinaus eine Reihe von Schwächen auf, wie z.B. die mangelnde Geheimhaltung. Das bedeutet, dass eventuell die Konkurrenz flexibler als der Kunde ist und früher mit einem ähnlichen Produkt auf den Markt kommt.

Aus diesem Grunde gibt es zwei Testmarkt-Ersatzverfahren, den Mini-Markttest und die Testmarktsimulation. Sowohl Mini-Markttests als auch Testmarktsimulationsverfahren lassen sich nicht nur zur Überprüfung von Neu-Produktkonzeptionen, sondern auch zum Abtesten einzelner Werbemittel bzw. ganzer Kampagnen einsetzen. Gearbeitet wird wiederum stets mit Test- und Kontrollgruppen, um den effektiven Einsatz der Werbung auf das simulierte (Labortestmarkt) bzw. das tatsächliche Kaufverhalten (Mini-Markttest) messen zu können. Einschränkend ist allerdings anzumerken, dass es sich auch bei den Testmarktersatzverfahren um relativ kostenintensive Forschungsinstrumente handelt.

3.4.4. Werbeforschung

Im Rahmen der Werbeforschung kommen spezielle Instrumente aus der Werbeträgerforschung sowie Werbewirkungstests zum Einsatz.

a) Werbeträgerforschung

Ein Großteil der Informationen aus dem Bereich der Werbeträgerforschung, deren zentrale Aufgabe die Gewinnung fundierter Daten für die Mediaselektion ist, liegt heute als Grundlage für unternehmerische Entscheidungen als sekundär statistisches Material vor. Die Unterlagen werden von verschiedenen Institutionen der Medienwirtschaft sozusagen als Service für den Kunden zur Verfügung gestellt, so z.B. die MA (Media Analyse) sowie die AWA (Allensbacher Werbeträgeranalyse). Während die Werbeträgerforschung vorwiegend bemüht ist, Plandaten für die Mediaselektion zu gewinnen, ist eine Reihe weiterer Verfahren vornehmlich darauf abgestellt, die Wirkung und den Erfolg vorgenommener Werbemaßnahmen zu erfassen und zu kontrollieren.

b) Werbewirkungstests

Werbewirkungstests lassen sich nach folgenden unterschiedlichen Kriterien einteilen:

1) Nach dem Untersuchungsziel
   - Pre-Test (hierbei wird die Werbewirksamkeit vor Erscheinen des Werbemittels/der Kampagne getestet)
   - Post-Test (meint die Analyse nach dem Einsatz)
2) Nach der Art der zu testenden Werbemittel
   - Anzeigen-Tests
   - Plakat-Tests
   - Funk-Spot-Tests
   - TV-Spot-Tests
   - Kino-Spot-Tests
3) Nach der Untersuchungssituation
   - Labor- oder Studiotests (Testsituation wird in einem Forschungslabor oder Studio künstlich geschaffen)
   - Felduntersuchungen (Test unter realen Bedingungen im Markt)
4) Nach dem Grad der Produktionsstufe des Werbemittels

- Scribbles, Layouts bzw. Storyboards oder halbfertige Spots (Animatics)
- Konzeptions- und Gestaltungs-Tests
- Tests fertiger Werbemittel

5) Nach den verwendeten Methoden
- Verbale Verfahren (z.B. Satzergänzungstests)
- Beobachtungs-Verfahren
- Apparative Verfahren

3.4.5. Befragung

Die Befragung, vielfach auch als „Umfrage" bezeichnet, ist die am häufigsten angewandte und wichtigste Methode der Primärforschung (Erhebung von Originaldaten, im Vergleich dazu greift die Sekundärforschung auf bereits bekanntes Datenmaterial zurück). Ziel der Befragung ist es, Personen zu Aussagen über bestimmte vorgegebene Sachverhalte zu veranlassen.

Die wichtigsten Elemente der Befragung sind:
a) der Befragungsgegenstand (Einthemen- oder Mehrthemenbefragung),
b) die Befragten (Einzelpersonen, Experten, Unternehmen usw.),
c) die Art der Kommunikation (schriftlich, mündlich, telefonisch),
d) der Standardisierungsgrad (freies Gespräch oder vorformulierte Fragen) und
e) die Befragungshäufigkeit (einmalig oder mehrfach).

Im Folgenden wird auf verschiedene Arten der Befragung kurz eingegangen.
1) Exploration
Die Exploration (auch freies oder qualitatives Interview genannt) ist eine persönliche, mündliche Befragung, bei der seitens des Interviewers die Fragen und Abläufe nicht vorformuliert sind. Aufgabe des Interviewers ist es, die befragte Person vielmehr zum angestrebten Thema hinzuleiten. Zur Sicherung der Vergleichbarkeit einzelner Interviews wird in der Praxis durch einen so genannten Interviewerleitfaden ein

gewisses Maß an Strukturierung vorgegeben. Alles in allem stellt die Exploration, wie jede Form des freien Interviews, hohe Anforderungen an den Interviewer als auch an den Analytiker, um die Gefahr der Verzerrung der Befragungsergebnisse durch Fehlinterpretation möglichst zu vermeiden.

2) Gruppendiskussion

Anders als die Exploration, die einen tiefen Einblick in Verhaltensweisen, Meinungen und Einstellungen von Verbrauchern liefert, eignet sich die Gruppendiskussion zur schnellen Einholung von Meinungen, Ansichten und Ideen zu bestimmten Themenbereichen bzw. Produkten. Eine ideale Gruppe besteht aus sechs bis zehn Mitgliedern, die unter Leitung eines qualifizierten Moderators, je nach Thema und Zielsetzung der Diskussion, zwischen ein und vier Stunden diskutieren.

Die Aufzeichnung der Diskussion erfolgt über Tonband oder Video. Anhand eines Themenkataloges besteht die Aufgabe eines Moderators hauptsächlich darin, die Diskussion in Gang zu halten, Teilnehmer zu Äußerungen zu ermutigen, aber auch bei eventuellem Durcheinanderreden der Teilnehmer ordnend einzugreifen. Im Gegensatz zum Einzelinterview führt eine Gruppensituation eher zu einer Aktualisierung unbewusster Sachverhalte, provoziert spontane Reaktionen und verbessert auch die Auskunftsbereitschaft zurückhaltender Teilnehmer. Gruppendiskussionen gelten als besonders geeignet zur Erforschung heikler (tabuisierter) Themen, z.B. Fragen über den Bereich Hygiene. Durch die anschließende Analyse der Aufzeichnungen werden Rückschlüsse auf verborgene Kaufmotive, Einstellungen u.ä. gezogen.

3) Omnibusbefragung

Als Omnibusbefragung (Omnibus hier sinngemäß: verschiedenartiges umfassend) oder Mehrthemenbefragung bezeichnet man eine Befragung, bei der ein ausgewählter Personenkreis zu mehreren verschiedenartigen Themen befragt wird. Prinzipiell kann eine Omnibusbefragung schriftlich oder fernmündlich durchgeführt werden. Ihre praktischste und häufigste Bedeutung hat sie jedoch als mündliches Interview und hier nahezu ausschließlich im Rahmen der Institutsmarktforschung.

Eine Reihe von Instituten führt einen solchen Omnibus als ständige Einrichtung in regelmäßigen Abständen durch. Größtenteils handelt es sich um Untersuchungen, an denen mehrere Auftraggeber (mit jeweils anderen Themen) exklusiv beteiligt sind. Die Vorzüge einer solchen Befragung liegen in ihrer Wirtschaftlichkeit, d.h. sie sind relativ kostengünstig, da sich die Erhebungsfixkosten auf mehrere Auftraggeber verteilen.

3.5. Media

Die Medienlandschaft in Deutschland hat sich in den letzten Jahren dramatisch verändert. Private TV- und Rundfunkbetreiber, neue Sonderwerbeformen (Megaposter, Sponsoring, Home Shopping, Online Werbung etc.) haben Bewegung in das ehemals recht eingefahrene System gebracht.

Deutschland ist nach wie vor das Land mit den meisten Print-Titeln nach den USA. Trotz der zunehmenden TV-Konkurrenz behauptet sich dieses Medium und hatte einen zweistelligen Zuwachs in den Werbeausgaben in 2000 zu verzeichnen.

Media ist inzwischen zu einem sehr komplexen und wissenschaftlichen Thema geworden, dem sich zunehmend Mediaagenturen widmen. Diese initiieren eigene Studien (wie Verlage), entwickeln spezielle Softwareprogramme und stellen diese ihren Kunden, respektive Agenturen/Unternehmen zur Verfügung.

Für den Kundenberater ist es wichtig, einen Mediaplan ausreichend zu beurteilen, um ihn dann mit dem Kunden diskutieren zu können. Hierbei kann nicht immer nur auf harte Fakten wie GRPs und Reichweiten Rücksicht genommen werden, sondern jeder Mediaplan muss auf seinen Sinn und seine Glaubwürdigkeit überprüft werden. Zudem ist es für die Beratung wichtig, im Bereich der Sonderwerbeformen wie auch neuer Sendeformate oder neuer Titel im Printbereich, immer up to date zu sein.

3.5.1. Klassische Medien

a) Zeitungen
    -   Tageszeitungen (z.B. Süddeutsche Zeitung, Frankfurter Allgemeine Zeitung)
    -   Wochenzeitungen (z.B. Die Zeit, Die Woche, Wallstreet Journal)
    -   Anzeigenblätter (lokale kostenlose Wochenzeitungen)
    -   Sonntagszeitungen (z.B. Welt am Sonntag, Bild am Sonntag)
    -   Annoncenblätter (z.B. Avis, …)
Insertionsmöglichkeiten in Zeitungen
    -   Standardanzeigen
        Berechnung: Höhe in mm mal Anzahl der Spalten, Farbzuschläge, Platzierungszuschläge, Anschnittzuschläge.
Platzierung: Anzeigen- oder Textteil
    -   Sonderformen
        z.B. Anzeigenstrecke (mindestens drei ganzseitige Anzeigen hintereinander), Eckfeldanzeige (im Textteil), Inselanzeige (an vier Seiten von redaktionellem Text umgeben), Streifenanzeige (blatthoch, neben redaktionellem Text) etc.
    -   Beilagen

b) Zeitschriften
    -   Publikumszeitschriften/PZ (breitstreuende Zeitschriften, z.B. Spiegel, Stern, Focus und Special Interest-Zeitschriften. Schwerpunkt liegt auf einer bestimmten Zielgruppe bzw. Themenspektrum, z.B. Frauentitel, Jugendtitel, Sporttitel)
    -   Fachzeitschriften/FZ (kleinauflagige Titel zu bestimmten Themen, unterteilt in berufs- und branchenbezogen, z.B. w&v, Horizont, Bäckerblume)
    -   Kundenzeitschriften
    -   Firmenzeitschriften
Insertionsmöglichkeiten
    -   Standardanzeige
        Berechnung: Seitenbruchteile (1/1-Seite, 1/2-Seite etc.), Farbzuschläge, Platzierungszuschläge, Anschnittzuschläge

–   Sonderwerbeformen
    z.B. Beihefter (fertig angelieferte Prospekte, die in der
    Heftmitte verarbeitet werden), Beikleber/Tip-on-Card
    (auf die Anzeigenseite geklebte Postkarte oder kleine
    Broschüre, die leicht gelöst werden kann), Beilagen,
    Duftprobe, Couponanzeige, Warenprobe.

c) TV
–   Öffentlich-rechtliche Sender (ARD und ZDF und die
    Dritten)
    • Bezahlte Werbung nur zwischen 17.00 und 20.00 Uhr
      und nicht an Sonn- und Feiertagen erlaubt
      Maximale Werbedauer: 20 Minuten pro Tag
    • Sponsoring möglich z.B. Tagesschau-Wetter etc.
    • Regionale Belegung von ARD-Anstalten möglich
-   Private Sender (z.B. RTL, SAT.1, Pro7, VOX etc.)
    • Bezahlte Werbung darf maximal 20% des Programmes
      bzw. 12 Minuten pro Stunde betragen, keine zeitliche
      Begrenzung
    • Werbeunterbrechungen in laufender Sendung
    • Diverse Sonderwerbeformen möglich (z. B. Game-
      shows, Teleshopping etc.)
    • Regionale Fenster bei RTL und SAT.1 belegbar

d) Funk
–   Öffentlich-rechtliche Sender (ARD Rundfunkanstalten)
    • Bezahlte Werbung in festen Werbeblöcken (3 bis 7
      min.) zur vollen/halben Stunde, an Sonn-/Feiertagen
      nicht erlaubt
    • Spotlänge zwischen 10 und 60 Sekunden
    • Regionale Belegung möglich
–   Private Sender (über 180 Sender in Deutschland)
    • Bezahlte Werbung maximal 20% pro Stunde, ohne
      zeitliche Begrenzung
    • Diverse Sonderwerbeformen z.B. Sponsorsendungen
      (Zeitansagen oder Wetterbericht), Live-Durchsagen
      oder moderierte Spots möglich
    • Regionale und lokale Belegung möglich

e) Kino
- Kino (über 4.000 Leinwände mit über 792.000 Sitz-plätzen)
  - 66 % der Besucher haben den Altersschwerpunkt 14–29 Jahre
  - Diverse Kinoarten wie Erstaufführungstheater, Familientheater, Programmkinos, Stadtteilkinos, Multiplexe
  - Werbemöglichkeiten: Belegung einzelner Kinos, aber auch ganzer Netze möglich
  - Spotlänge mindestens 20 Meter Länge (44 sec.) auf 35 mm Normalfilm (24 Bilder/sec.)
  - Mindestbelegdauer: 1 Woche

f) Plakat
- Großflächen (18/1-Plakate): einzeln belegbar, hängen im Schnitt eine Dekade (10 Tage), Format 18/1-Bogen als Hochformat oder 16/1-Bogen im Querformat
- Ganzstellen (Säulen/Plakate): nur von einem Werbungtreibenden genutzt, einzeln belegbar, stehen auf öffentlich-rechtl. Grund
- Allgemeinstellen (Säulen/Tafeln/Litfaßsäulen): Nutzung von mehreren Werbungtreibenden gemeinsam, einzeln belegbar, stehen auf öffentlich-rechtlichem Grund
- CLP (City Light Poster/Abribus): beleuchtete Vitrinen, einseitig mit Werbung belegt oder an Bushaltestellen zweiseitig belegt (Format 4/1-Bogen = 1 Plakat)

3.5.2. Nicht-klassische Medien

- Außenwerbung
  - Billboards: verglaste Sondersäulen an verkehrsreichen Straßen, teilweise mit mobilen Plakaten, die in „Rollotechnik" angeboten werden, einzeln belegbar
  - Bandenwerbung in Sportarenen
  - Kleintafeln (z.B. an Universitäten oder Toiletteninnentüren)
  - Superposter
  - Riesenposter (Blow-up/Megaposter): einzeln gestaltete, überdimensionale Kunststoffplanen, die gleichzeitig Baugerüste oder Gebäude verdecken

- Wartehallen- und Lichtwerbung
- „Wild"-Plakatierung: z.B. an Bauzäunen, Wänden, unter Brücken u.ä. in einzelnen Städten, wie HH, legalisiert, durch Übernahme bestimmter Flächen durch die DSM (Deutsche Städte Medien), Format: A2
- Elektronische Anzeigen: auf Bahnhöfen oder in öffentlichen Verkehrsmitteln (U-Bahn, S-Bahn, Straßenbahn, Bus) als: Bildschirme, Videoboard Infoscreen (Bahn, Bus, Bahnsteig)
- Verkehrsmittelwerbung
  - Bus/Bahnen: Ganz-/Teilbelegung des Rumpfs, gesamte Fensterfront, Fensterplakate innen sind belegbar
- Broschüren (Folder)
  Broschüren (Folder) dienen hauptsächlich der ausführlichen Darstellung von Unternehmen, Produkten oder Dienstleistungen. Es gibt kurzgefasste Broschüren, die den Zweck haben, den Leser neugierig zu machen und ihn auffordern, weiteres Material anzufordern (so kann man sicher sein, einen potenziellen Kunden angesprochen zu haben. Bietet sich vor allem dann an, wenn die Hauptbroschüre aufwendig und somit kostenintensiv ist). Oder umfassende Folder, die Details erklären.
  Broschüren sind, je nach Aufwand, äußerst zeit- und abstimmungsintensiv, dies sollte bei der Erstellung eines entsprechenden Timings berücksichtigt werden.
- Prospektbeilagen (Beilagenwerbung)
  Jährlich werden Prospektbeilagen in Millionenhöhe über das Medium TZ gestreut. Hauptsächliche Nutzer sind:
- Supermärkte und Discounter (24%)
- Textilkaufhäuser (13%)
- Bau- und Heimwerkermärkte (11%)
- Möbel- und Einrichtungshäuser (9%)
- Schuhgeschäfte (5%)
- Sonstige (38%)

In Beilagen werden konkrete Angebote kommuniziert. In den seltensten Fällen geht es hierbei um Imagewerbung.
- Promotion-Artikel
  Unter Promotion-Artikeln versteht man Produkte, die um das Hauptprodukt in Form von Accessoires und Ge-

schenkartikeln angesiedelt sind. Aufgrund der bestehenden Selbstbeschränkung der Zigarettenwerbung sind es insbesondere diese Anbieter, die sich mit dem Vertrieb von Promotion-Artikeln beschäftigen. Es ist aber auch durchaus möglich, durch die Vergabe von Lizenzen zusätzliche Um- oder Absätze zu erzielen. So genanntes Product-Licensing bezeichnet die Übertragung der Markenrechte an Dritte gegen Lizenzgebühr.

- Gewinnspiele (Game-Promotions)
  Hierunter versteht man Wettbewerbe auf Glücks- oder Leistungsbasis, die den Teilnehmern eine von der Mitspieleranzahl abhängige oder unabhängige Gewinnchance bieten.

Arten von Preisausschreiben

a) Glückspreisausschreiben
Es handelt sich meist um sehr einfach zu lösende Aufgaben, z.B. soll ein Lösungswort gefunden oder ein Firmen- oder Produktslogan ergänzt werden.

b) Leistungspreisausschreiben
Vom Teilnehmer wird hier ein aktiver Beitrag verlangt, d. h., er muss sich an einem Dichter-, Foto- oder Malwettbewerb erfolgreich beteiligen.

c) Sweepstakes
Bei dieser Sonderform des Preisausschreibens geht es darum, aus einem begrenzten Zielpersonenkreis potenzielle Kunden zu gewinnen. Sweepstakes werden hauptsächlich von Verlagen und Versandhäusern durchgeführt. Die Zielperson bekommt eine „Glücksnummer" zugesandt, diese Nummer muss z. B. auf eine Teilnahmekarte übertragen werden, die dann an den Veranstalter geschickt wird.

d) Game-Shows
Hier handelt es sich um Vkf-Aktionen, die im Zusammenhang mit klassischen Medien wie z.B. Privatfernsehen durchgeführt werden. Am bekanntesten ist die Sendung „Glücksrad" auf Kabel 1. Zu erraten sind Sprichwörter, Personen oder andere Begriffe. Die Werbungtreibenden kön-

nen ihre Produkte als Siegesprämien ausloben lassen. Die Produktpräsentation kostet bis zu 30.000 DM und ist damit günstiger als die Buchung eines normalen TV-Spots.

– Musterverteilung (Sampling-Aktionen)

Gerade zur Einführung von neuen Produkten gibt es wohl kaum ein effektiveres, wenn auch kaum ein teureres Mittel als die Musterverteilung. Rund 700 Verteilerfirmen unterschiedlichster Größe, Leistungsfähigkeit und Seriosität kämpfen um die Kundschaft. Neben diesen auf privatwirtschaftlicher Basis operierenden Verteilerorganisationen können die Muster noch durch die Post, durch Zeitschriften (See and Try-Anzeigen), durch den Außendienst bzw. in Form von Zugaben in, auf oder an Normalpackungen verteilt werden. Z.B. Zahnbürste und Probetube Zahnpasta.

Das Sampling hat sich insbesondere bei Produkten bewährt, bei denen Geschmack bzw. Geruch das Hauptkaufmotiv bilden.

– Sonderangebote (Price-off-Aktionen)

Sonderangebote liegen dann vor, wenn Handel bzw. Industrie für bestimmte Produkte Preisnachlässe gewähren. Oder wenn ein Unternehmen gegen Einsendungen mehrerer Packungsabschnitte einen bestimmten Geldbetrag als Treueprämie vergütet. Bzw. wenn Sondergrößen zum Normalpreis angeboten werden. Sondergrößen als Sonderangebote findet man insbesondere im Lebensmittelhandel und im Kosmetiksektor. Sonderangebote müssen dem Kunden kommuniziert werden, d.h. je intensiver der Werbemittel- und Verkaufsförderungsmitteleinsatz, desto höher die erzielbaren Zusatz-Absätze und Umsätze.

3.6. Direktmarketing

Im Rahmen des Kommunikations-Mixes nimmt der Bereich Direktmarketing (DM) eine immer wichtigere Rolle ein. Der Grund hierfür ist die schwierige Selektionsmöglichkeit bei klassischen Medien. Wird z.B. ein Spot auf RTL geschaltet, so hat man zwar eine ungefähre Vorstellung, wer gerade vor dem

Fernseher sitzt, man weiß es aber eben nicht genau. Durch DM hat ein Anbieter die Möglichkeit sehr spitz auf die Zielgruppe zuzugehen. DM wird die klassischen Medien nie ersetzen, ist aber als Begleitmaßnahme unersetzlich.

3.6.1. Merkmale

Unter Direktmarketing versteht man alle Formen der Kundenansprache, die auf Dialog angelegt sind, z.B. auf Frage und Antwort, auf Angebot und Bestellung oder auf Spendenaufruf und Überweisung. Zu den Kennzeichen zählen
a) die individuelle Kundenansprache,
b) das Response-Element,
c) die Kostentransparenz.

a) Die individuelle Ansprache
   Wichtigstes Kennzeichen von DM ist die Selektion von Zielgruppen. D. h. nur ausgewählte Personen erhalten die Werbebotschaft. So werden Streuverluste reduziert.
   Die Werbung geht nach Möglichkeit nur an die, die Interesse am zu verkaufenden Produkt oder der angebotenen Dienstleistung haben.

b) Kontaktaufnahme des Umworbenen (Response-Element)
   Dem Umworbenen wird die Möglichkeit gegeben, individuell mit dem Werbenden Kontakt aufzunehmen: bei einem Fernsehspot ist dieses Kontaktangebot die angegebene Telefonnummer, bei einem Mailing z.B. entweder die Antwortkarte, der Antwortschein oder eine mögliche Faxantwort. Bei einer Anzeige kann es der Coupon sein oder die aufgeklebte Postkarte – auch Tip-on-Card genannt.
   Das Response-Element ist es, was DM von klassischer Werbung unterscheidet. Bei sämtlichen DM-Maßnahmen muss also ein Response-Element integriert sein. Und zwar so, dass es dem Umworbenen leicht gemacht wird zu antworten. Also keine komplizierten Antwort-Mechanismen, die vielleicht schön aussehen, aber die niemand versteht, anbieten.

c) Kosten werden transparent

Die Werbewirkung von klassischen Medien ist schwer messbar. Man weiß nicht, wer am Plakat vorbeigegangen ist, wer die Anzeige oder den Spot gesehen bzw. gehört hat, respektive, wer die Werbung überhaupt wahrgenommen hat. Während man die Kosten für den Einsatz der Werbemaßnahme kennt, kann man den Nutzen der klassischen Werbeaktion nur schwer einschätzen.

Beim Direktmarketing bieten die Response orientierten Vorgehensweisen die Chance einer exakten Erfolgskontrolle. Wenn man z.B. 1.000 Mailings verschickt und 30 Reaktionen zurückbekommt, dann kann man von 30 „Reagierern" Name und Adresse erfassen und genau berechnen, ob diese 30 Reaktionen neben der Kostendeckung auch noch Gewinn eingebracht haben.

Grobe Anhaltspunkte für Response-Werte (differenzieren stark nach Produkt, Zielgruppe, Zeitpunkt der Versendung etc.) zeigt die folgende Tabelle:

Instrument	durchschn. Kosten (in DM) für 1.000 Kontakte	durchschnittlicher Response
Außendienst	250.000	25%
Telefon	15.000–20.000	15 - 20%
Mailing	1.500–2.500	2 - 3%
Beilagen	90–600	1%
Tip-on-Cards	ab 150	0,5%
Coupon-Anzeigen	50–150	0,3%
TV	150	5%
Funk	50	1%

Quelle: Gottschling, S./Rechenauer, H.O. (1994), Direktmarketing, München.

3.6.2. Instrumente

Im Folgenden werden die wichtigsten klassischen (Print-Werbemittel) und die elektronischen (Non-Print-Werbemittel) Direktmarketing-Instrumente verglichen.

1) Werbesendung/Mailing
   Mindestbestandteile eines Mailings sind das Kuvert, der Brief und die Antwortkarte. Häufig wird noch ein Katalog, ein Prospekt, eine Probe etc. hinzugefügt.
   Ein Mailing ist in seinen Einsatzmöglichkeiten hochflexibel. Denn die Informationen können – je nach Bedarf – viel oder wenig Raum einnehmen: Einerseits ist es möglich, bestimmten hochinteressierten Zielgruppen ausführlichste Produktbeschreibungen zuzuschicken. Andererseits kann man an große Zielgruppen Mailings mit relativ knapp gehaltenem Inhalt senden, verbunden mit der Möglichkeit, mehr Informationen anzufordern.
   Zudem bietet das Mailing den Vorteil, dass es kaum Konkurrenz hat: Anzeigen müssen z.B. sehr stark mit anderen Anzeigen, aber auch redaktionellen Beiträgen konkurrieren. Das Mailing nicht.
   Der einzige Wermutstropfen bei Mailings ist die Möglichkeit des Empfängers, Werbesendungen von vornherein abzulehnen. D.h. dass seine Adresse nicht weitergegeben werden darf und dass er sich Werbung im Briefkasten verbittet. Die Klagen, dass Werbung den Briefkasten verstopft, sind unüberhörbar. De facto erhält heute jeder deutsche Haushalt 2,72 Werbebriefe pro Woche. (Quelle: Deutsche Post AG,1995. Dichtung und Wahrheit, Wahrheit und Dichtung. Bonn: Deutsche Post).

2) Anzeigen und Beilagen
   Response-Anzeigen eignen sich vor allem zur Interessentengewinnung. Zeitschriften und Zeitungen erreichen große Zielgruppen. Der Nachteil vieler Anzeigen, nämlich die Streuverluste, wird heute durch die Differenzierung des Zeitschriftenmarktes teilweise ausgeglichen. Mit Special Interest-Zeitschriften können bestimmte, am Angebot möglicherweise interessierte, Zielgruppen erreicht werden.

Vorteile der Zeitschriften und Zeitungen: Die in ihnen enthaltenen Anzeigen werden nicht weggeworfen, denn sie sind Bestandteil. Darüber hinaus profitieren die Anzeigen vom redaktionellen Umfeld. Im besten Fall, durch PR-Maßnahmen unterstützt, wird einige Seiten vor oder nach der Anzeige das beworbene Produkt besprochen oder getestet. Ein weiterer Vorteil: Anzeigen werden mehrfach gelesen, z. B. durch Mitleser im Haushalt, beim Arzt im Wartezimmer durch die Wartenden etc. Das Response-Element ist wichtig und besonders hervorzuheben. Sei es in Form einer Telefonnummer, eines Coupons oder einer Tip-on-Card.

Nachteil einer Anzeige ist sicherlich der begrenzte Platz für Informationen. Zur Erklärung des angebotenen Produktes hat man auf einer Anzeigenseite wenig Raum. Eine DIN A4-Seite wird nur etwa 2 Sekunden betrachtet. In diesen zwei Sekunden, das sind kurze Blickpunkte à 0,2 Sekunden, muss der Leser genügend Vorteile und Nutzen angedeutet finden, damit er sich intensiver mit der Anzeige beschäftigt. Und wenn er dies tut, findet er viel weniger Informationen in Textform, als es z.B. in einem Mailing möglich ist.

Weitere Nachteile sind einerseits die häufig langen Anzeigenschlusszeiten bei Zeitschriften. Und die Anzeige konkurriert mit zahlreichen anderen Anzeigen und dem redaktionellen Teil.

Bei Tageszeitungen sind die Anzeigenschlusstermine bzw. Druckunterlagen-Schlusstermine um vieles kürzer als bei wöchentlich oder monatlich erscheinenden Titeln. Durch die tägliche Erscheinungsweise von Tageszeitungen kommt der Rücklauf schneller. Andererseits können die Zielgruppen nicht mehr so stark nach Interessen, dafür aber regional selektiert werden. Nachteile sind die beschränkte Farbverfügbarkeit (Sonderfarben sind schwierig und teuer) und die schlechtere Reproduktion/Wiedergabe.

Auch bei Beilagen kann man zwischen TZ-Beilagen und Titelbeilagen wählen. Einerseits bieten Beilagen die Möglichkeit, ausführliche Informationen breit zu streuen. Auf der anderen Seite gilt es besonders hier, eine Kosten-Nutzen-Relation aufzustellen, da die Beilagenpreise sehr hoch sind. Zudem ist der Anliefertermin für Beilagen lange vor einem Anzeigenschluss.

3) Telefon-Marketing

Neben den klassischen Printmedien gibt es im Non-Print-Bereich u.a. das Telefon. Durch die Verwendung von Telefonskripten ist ein Telefonat häufig ein hochstrukturiertes Verkaufsgespräch. Auf der anderen Seite ermöglicht es fast die gleichen flexiblen Dialoge wie im persönlichen Verkaufsgespräch. Nur eines fehlt: Käufer und Verkäufer können sich (bis jetzt) nicht sehen. Vorteile des Produktes können daher nicht gezeigt werden. Sie müssen geschildert werden.

Das persönliche Verkaufsgespräch ist durch die direkte Begegnung zwischen Käufer und Verkäufer gekennzeichnet. Jeder der beiden erhält verschiedene Informationen über den anderen wie z.B. Alter, Geschlecht, Kleidungsstil, Aussehen, Mimik, Gestik etc. Beim telefonischen Verkauf sehen sich beide nicht. Dadurch entfallen verschiedene Beeinflussungsmöglichkeiten des Käufers auf den potenziellen Käufer durch optisch wahrnehmbare Signale. Viel wichtiger werden nun die Stimme, Modulation, Betonung, da beide Partner über diese Signale viel über den jeweils anderen erfahren wollen.

In letzter Zeit wird das Telefon vor allem in Kombination mit dem Faxgerät eingesetzt. Per Fax kann während und nach dem Telefongespräch eine Zeichnung oder gar ein Foto geschickt werden.

Das Telefon ist ein schnelles und kostengünstiges Instrument. Großer Nachteil: die Erreichbarkeit der Käufer. Oftmals erreicht man den Käufer erst nach mehreren Versuchen. Einfacher ist es, sich anrufen zu lassen (passives Telefonmarketing).

4) Direct Response TV (DRTV)

Ein weiteres Instrument im Non-Print-Bereich ist das „Direct Response TV" (Direktmarketing via TV). Das sind kurze Produkt-Werbespots mit der Aufforderung „Rufen Sie gleich an…". Gekoppelt mit dem Telefon ist sofortiger Rücklauf möglich, der aber auch bearbeitet werden muss. 85 - 90% des Rücklaufs muss in den ersten 20 Minuten nach der Ausstrahlung bewältigt werden.

Nach 18 Stunden ist erfahrungsgemäß der letztmögliche Response eines DRTV-Spots erreicht. Mit der Anzahl der Fernsehstationen steigt die angebotene Werbezeit. Damit fallen die Preise und auch längere Spots werden mehr und mehr bezahlbar. Noch heute ist es schwierig, ein- bis zweiminütige Werbefenster zu erhalten. Präzise Zielgruppen-Selektion ist ebenfalls ein Problem. Hier hat sich aber mit dem Aufkommen der privaten Fernsehsender sehr viel zum Besseren für die Werber bewegt.

5) Datennetze (Online-Dienste)
Online ist das jüngste Instrument im Direktmarketing. Die Personen, die Online-Darstellung und -Angebote lesen, haben Response-Möglichkeiten per elektronischer Post (E-mail) oder mit Hilfe eines elektronischen Angebotblattes. Und zwar weltweit. Wichtig ist aber auch hier eine schnelle, direkte Abwicklung des Response.
Für einen noch effizienteren Einsatz von Werbung bietet sich die Kombination von einzelnen Direktmarkting-Instrumenten an. Ein verzahntes Konzept von Einzelmaßnahmen zu einem Gesamtpaket geschnürt, kann den Response erheblich steigern. Lässt man z. B. zu einem DRTV-Spot gleichzeitig eine Anzeigenserie laufen, so lassen sich nach verschiedenen Untersuchungen bis zu 9% mehr Response erreichen. Die per DRTV oder per Anzeige gewonnenen Neukunden können dann z. B. per Mailing weiterbearbeitet werden.

6) Kundenbindungssysteme
Um neue Kunden zu gewinnen und diese zu halten, wird die „Plastikkarte" in vielfältiger Weise eingesetzt: Kreditkarten, Scheckkarten und Kundenkarten sind Instrumente, um den Konsumenten langfristig an ein Geschäft/Produkt zu binden.
Ein immer beliebteres Instrument zur Kundenbindung sind Kunden-Clubs. Ziel dieser Clubs ist es, sich von der Umsatzorientierung zu lösen und dem „Beziehungsmarketing" hinzuwenden. Zwischen Anbietern und Nachfragern soll eine möglichst lange Kundenbeziehung aufgebaut werden.

Sowohl Dienstleistungs-, Industrie- und Handelsunternehmen als auch die Medien bieten solche Clubs an. Man kann zwischen offenen und geschlossenen Clubs unterscheiden. Wobei der geschlossene Club einen Mitgliedsbeitrag verlangt. Beispiele für Kundenclubs: Ikea Family Club, Dr. Oetker Back-Club. Ein Kundenclub ist eine sehr zeit- und kostenintensive Maßnahme, wenn sie denn ernsthaft durchgeführt werden soll. Für einige Kunden-Clubs gibt es ganze Abteilungen in Unternehmen.

3.7. Multimedia

Multimedia bedeutet die Integration unterschiedlicher, bislang getrennter Medien- und Kommunikationsangebote, die generell digitalisiert sein müssen und auf einem Computer bzw. Microprozessor gesteuertem Gerät (z.B. TV-Gerät) empfangen, verändert und weitergeleitet werden können.

In den letzten Jahren ist Multimedia zu einem etablierten Begriff geworden. Die Integration des Internet in den beruflichen, und vermutlich bald auch privaten Alltag macht eine intensive Beschäftigung mit dem Thema nötig. Nicht alle Agenturen haben eine eigene Multimedia-Abteilung, aber zumindest einen Spezialisten im Haus. Gerade die letzten Jahre haben einige Multimedia-Spezialagenturen hervorgebracht. Trotz der gesamten Goldgräber- und Aufbruchstimmung ist ein Engagement im Internet für jeden Kunden gesondert zu prüfen. Und es bleibt ein begleitendes Kommunikationsinstrument und wird die klassischen Medien nie ablösen.

Multimedia ermöglicht die interaktive Nutzung und den Dialog mit jedem beliebigen Teilnehmer mittels Text, Grafik und Bild, Sprache, Sound und audiovisueller Information. Es eröffnet direkte Wege zu speziellen Zielgruppen und ermöglicht qualifizierbares und quantifizierbares Feedback. Es beschreibt einerseits die individuelle Möglichkeit nur das zu empfangen, was gerade interessiert, z.B. interaktives Fernsehen (Video-on-demand) und andererseits die Option jederzeit mit jedem anderen Teilnehmer in Kontakt treten zu können (interaktiver Dialog), wie z.B. elektronische Post (E-Mail).

Durch Multimedia wird eine neue Basis zwischen der Marketing-Kommunikation und dem Verbraucher geschaffen. Es macht interaktive Kommunikation möglich – bei Online-Formen mit sofortiger Rückkoppelung vom Anwender zum Anbieter und vice versa.

Spezifische und kluge Kommunikationsmittel müssen den Verbraucher auf das multimediale Werbemittel aufmerksam/neugierig machen, welches dann auch sein Versprechen hält. Ein werbliches Multimediaangebot sollte Folgendes bieten:

- Unterhaltung at its best
- einen einsichtigen Service
- umfeldadäquate Einbettung
- trendorientierte Ausrichtung
- Produkt- und Dienstleistungsangebote, die auf aktives Interesse zählen können

Für den Kundenberater ist es wichtig, dass sich ein Internetauftritt immer ins Gesamtkonzept bzw. die Markenstrategie einfügt. Wobei es natürlich immer so ist, dass eine Homepage eine etwas andere, jüngere Zielgruppe anspricht als die klassischen Medien. Hier die „klassischen" Berufsbezeichnungen einer Multimediaagentur.

Projektmanager
Sie koordinieren die Aufträge und halten den Kontakt zum Kunden (vergleichbar mit einem Kontakter-Job in einer klassischen Agentur). Sie haben Teamleiterfunktion und realisieren Projekte. Multimediale Fähigkeiten sind bei Projektmanagern ebenso wichtig wie betriebswirtschaftliche Kenntnisse und Organisationstalent.

New-Media-Designer (Grafiker oder Screen-Designer)
Hierunter versteht man Software-Spezialisten, die das Konzept visuell gestalten.

New-Media-Konzeptioner
Er erarbeitet das strategische Konzept (inhaltliche Leitlinien) für einen Internetauftritt oder eine CD-ROM.

Programmierer
Sie sind zuständig für die technische Umsetzung des Konzeptes und verantwortlich, dass zum Schluss alles seinen richtigen Platz auf der Website hat.

4. Tipps fürs Tagesgeschäft

Im Grunde genommen kann man eine Agentur mit einem Restaurant vergleichen: Während die Köche von den Kreativen repräsentiert werden, sind Kontakter die umsichtigen Kellner – einerseits verantwortlich für das „Wohlbefinden" des Kunden und andererseits für die finanzielle/geschäftliche Interessensvertretung des „Restaurants", also der Agentur. Diese Doppelbelastung zwischen internen und externen Anforderungen sollte man stets vor Augen haben, denn sie ist die Basis des Kontakterjobs. Mit dem folgenden Kapitel wollen wir praxiserprobte Starthilfe in das Kontakterleben geben.

4.1. Grundsätzliches für Kundenberater

1) Aufmerksam sein!
   Versuchen Sie immer einen Schritt weiter zu sein als Ihr Kunde.

2) Zuvorkommend sein!
   Der Kunde ist unumstößlich König. Egal, was er tut und lässt, er ist Ihr Kunde und soll auch als solcher behandelt werden. Auch nach der zwanzigsten Änderung im Text gebietet sich ein Grundmaß an Höflichkeit und Aufmerksamkeit.

3) Nachfragen!
   Nehmen Sie nicht jeden Auftrag an, als würden Sie in einem Call-Center vom Versandhandel arbeiten. Hinterfragen Sie, wenn Sie etwas nicht verstehen, denn nur Sie haben den direkten Zugang zum Kunden. Die Qualität Ihrer Information ist die Basis für das Briefing an die Kreation.

4) Beraten!
   Sie müssen nicht alles toll finden, was der Kunde will. Nachdem Sie den Sinn, die Aufgabe und den Hintergrund hinterfragt haben und der Meinung sind, das passt nicht in die Strategie, ist nicht zu realisieren oder die Kosten stehen in keinem Verhältnis zum Ergebnis, legen Sie Ihr Veto ein. Aber

immer höflich. Erwägen Sie das Für und Wider mit dem Kunden, vielleicht finden Sie gemeinsam oder alleine eine bessere Lösung.

5) Zuhören!
Zuhören ist das A und O in der Beratung. Nicht nur dem Kunden, sondern auch der Kreation und der Produktion. Sie sind das Informationszentrum innerhalb der Agentur für Ihren Kunden. Es kann nicht sein, dass ein Art-Assi mehr über den Kunden weiß als Sie.

6) Informiert sein!
Zumindest über das, was die Mitbewerber Ihres Kunden in kommunikativer Hinsicht tun. Außerdem sollten Sie immer über laufende Events, neue Werbeformen, neue Zeitschriften etc. informiert sein.

7) Marken-/Produktkenntnis aufbauen!
Das Wichtigste für den Kunden ist Ihre Kompetenz für sein Produkt. Sprich, Sie sollten im Idealfall besser über Produkt, Markenhistorie, Werbehistorie und vor allem Mitbewerber Bescheid wissen als er. Das bedeutet, neben der Aufarbeitung der Historie, Store Checks in regelmäßigen Abständen sowie Werbeanalysen der Mitbewerber.

8) Schnelligkeit!
Wenn der Kunde etwas außerhalb der Reihe möchte, sehen Sie zu, dass Sie es schnellstmöglich besorgen. Natürlich soweit es im Rahmen der Möglichkeiten ist. Wenn es nicht schnell geht, dann geben Sie ein Zwischenfeedback. Auch im Tagesgeschäft macht es einen guten Eindruck, wenn Dinge zügig erledigt werden. Hier ist jedoch ein gewisses Mittelmaß wichtig, da man sich sonst selbst unter Druck setzt und den Kunden an allzu flinkes Arbeiten gewöhnt.

9) Kommunikation!
Obwohl man in der Kommunikationsbranche arbeitet, ist dies der Part, der oftmals vernachlässigt wird. Das bedeu-

tet nicht, dass Sie über das neue T-Shirt der Kollegin herziehen sollen, sondern dass Ihr Team über alle wichtigen Vorgänge beim Kunden informiert ist. Das betrifft sowohl das Tagesgeschäft als auch längerfristig geplante Projekte oder Strategien.

10) Eigenmotivation!

Eines der knappsten Güter in einer Werbeagentur ist das Lob. Wenn überhaupt, dann sehr spärlich verteilt. Grundsätzlich ist nicht damit zu rechnen, es sei denn, man hat gerade einen dreistelligen Millionenetat gewonnen oder die Figur von Heidi Klum. Was hilft, sind kleine Eigenmotivationen (Hundehalsband von Gucci, Handyhülle von Hermès oder, wenn's noch nicht so weit ist, eine Kontaktertasche mit Visitenkarten vom Bahnhof) und das besondere Gehör für Kundenlob.

11) Mitschreiben!

Die beste Form der Infoweiterleitung ist die schriftliche. Nicht nur, weil einem beim Schreiben vieles klarer wird und man gezwungen ist, Dinge so zu formulieren, dass sie jedes Teammitglied versteht. Sondern auch als Absicherung für einen selbst. Oftmals gehen mündliche Infos in den weiten Gehirnwindungen der kreativen Kollegen verloren.

4.2. Jobliste

Grundlage einer strukturierten Tagesarbeit sind die so genannten Joblisten. Hier werden je Kunde sämtliche laufenden Projekte (z.B. TZ-Anzeige), deren aktueller Status (Text- und Layoutfreigabe ist erfolgt), die nächsten Schritte (RZ und Druckunterlagen erstellen), Zuständigkeiten (Art und Produktion) sowie Termine festgehalten.
Die Jobliste muss jedem Teammitglied vorliegen, in manchen Fällen wollen auch die Kunden eine Jobliste respektive einen Statusbericht (jedes Projekt wird hier in Einzelschritte zerlegt, meistens wird das Projekt an sich aufgezählt, Stand sowie die

nächten Schritte). In diesem Fall ist es gut, die Jobliste/den Statusbericht in einem regelmäßigen Jour Fixe mit dem Kunden zusammen durchzugehen. Die Jobliste muss regelmäßig, bis zu täglich auf den neuesten Stand gebracht werden. Die Jobliste hat die Aufgabe für eine absolute Transparenz in der Aufgabenverteilung Agentur, Kunde und Lieferanten sowie Terminierung zu sorgen.

Wichtige Termine sollten besonders hervorgehoben werden. Es bietet sich an, die Jobliste morgens oder abends upzudaten.

4.3. Timing

Timings sind des Beraters täglich Brot. Wenn er diese nicht erstellt, optimiert und ständig aktualisiert, kann es schnell passieren, dass man die Deadline für ein Projekt aus den Augen verliert. Timings können entweder vom Endtermin aus zurückgerechnet oder vorgerechnet werden.

Beim Zurückrechnen definiert der Abgabetermin bzw. Druckunterlagenschluss oder der „on air"-Termin für einen TV- Spot die verfügbare Zeit für Konzepterstellung/Briefing, Abstimmung, Realisation etc.

Beim Vorrechnen kann der Endtermin „selbst" bestimmt werden. Naturgemäß sind Timings, laut der Kreation, immer zu eng und knapp bemessen. Ein gutes Timing rechnet aber auch in die „kritischen" Phasen (Abstimmung) genügend Luft/Puffer ein, die den Endtermin nicht gefährden. Timings sind besonders bei „großen", umfangreichen Projekten, wie z. B. TV-/Kinoproduktionen, Katalogerstellungen oder mehrsprachigen Broschüren unerlässlich.

„Zurückrechnen"
Vorgegeben ist die Abgabe für die Druckunterlagen einer Anzeige.
– Mit der Produktion abklären, wie viele Arbeitstage (AT) für die Litho einzurechnen sind. Daraus resultiert der RZ-Termin.
– Mit der Grafik abklären, wie lange die RZ braucht,

zusätzlich einen halben bis einen ganzen Arbeitstag für die Abstimmung in der Agentur und die Freigabe des Kunden einplanen.

„Vorrechnen"
Beispiel: 1 Broschüre, 12 Seiten, Format DIN A4, 4/4-farbig, 2 Tabellen, 4 unterschiedliche Abbildungen, nach gängigen Abläufen ohne Zeitstress.

– Texte in den Satz, DTP-Kopie erstellen inkl. Korrektur büro und Korrekturlesen in der Agentur	5 AT
– Aufsichtenerstellung	5 AT
– Abstimmung Aufsichten in der Agentur, Aufsichten korrigieren	2 AT
– Lithoerstellung	5 AT
– Andruck zur Abstimmung in der Agentur	1 AT
– Korrekturphase Litho/Versand per Overnight, (falls Kunde nicht vor Ort)	2 AT
Summe (ab Auftragserteilung/Freigabe Layout)	20 AT

4.4. Besprechungsbericht

Ein Besprechungsbericht ist eine schriftliche Zusammenfassung eines Kundenmeetings. Dieser beinhaltet in knapper, präziser Form die Themen des Meetings, also was wurde präsentiert, das entsprechende Feedback bzw. Überarbeitungswünsche, Next Steps, weitere Informationen zum Thema etc. Nach jedem Meeting sollte innerhalb von zwei Tagen ein Besprechungsbericht verfasst werden, welcher dann an alle Teammitglieder, sowohl auf Kunden- als auch auf Agenturseite verteilt bzw. versendet wird. Gibt es von Kundenseite kein Feedback, kann entsprechend des Berichts weitergearbeitet werden.
Folgende Punkte sollten in einem Besprechungsbericht aufgegriffen werden:
– Teilnehmer (Kunden-/Agenturseite)
– Datum
– Thema/Themen
– Next Steps

– Zuständigkeiten
– Deadlines

Besprechungsberichte sind zwar manchmal lästig, aber oftmals die einzige, schriftliche Arbeitsgrundlage für Sie und das Team. Deshalb bei jedem Meeting Notizen machen, wichtige Entscheidungen präzise mitschreiben und bei unverständlichen Punkten nachfragen.

Werden wichtige Informationen, wie z. B. Timingänderungen, Layoutänderungen oder Kurzbriefings telefonisch durchgegeben, bietet es sich an, einen kurzen Besprechungsbericht in Form einer Telefonnotiz zu formulieren. Auch hier sollte das Datum, der Gesprächspartner sowie Thema bzw. Themen stichpunktartig festgehalten werden.

4.5. Fact Book

Unter diesem Begriff versteht man die Sammlung der wichtigsten Produkt-/Markt-/Kundeninformationen. Erfasst wird z. B. die Produkt-/Markenhistorie, Marktanteile, Mediaspendings, Kommunikation, Produktdiversifizierungen, Organigramm des Kunden etc.

Das Fact Book sollte regelmäßig aktualisiert werden und ist besonders hilfreich bei der Einarbeitung in einen neuen Kunden/Etat.

4.6. Briefing

Das Erstellen eines Briefings ist in einer idealen Welt obligatorisch. Die nachfolgende, umfassende und detaillierte Aufzählung aller relevanten Bestandteile des Marketingmixes ist, je nach Projekt bzw. Aufgabenstellung und Relevanz individuell anwendbar. Die folgende Briefingstruktur ist idealtypisch und kommt in vielleicht max. 1% der Fälle vom Kunden.

Das Briefing dient dazu, sicherzustellen, dass die Agentur
– den Markt
– das zu bewerbende Produkt bzw. Unternehmen
– sowie die definierte Aufgabe richtig versteht bzw.

– über die relevanten Daten verfügt, und
– Kunde und Agentur diese in derselben Weise interpretieren.
Ein Briefing sollte immer schriftlich formuliert werden und die
zu erwartende Leistung der Agentur
– z. B. Strategiepräsentation oder Präsentation verbaler Konzepte etc.
– sowie Termine beinhalten.
Die Rolle des Briefings
– dient in der Regel der Information (über nützliche Fakten, die insbesondere für die Entwicklung der Kommunikationsstrategie relevant sind).
– dient der Steuerung (in eine klare Richtung durch eindeutige Fokussierung und nachvollziehbare Logik).
– dient der Stimulation (des kreativen Prozesses durch Anreicherung der Fakten).

4.6.1. Inhalt Briefing

Das Kundenbriefing ist die Grundlage der Agenturarbeit. Es sollte also alle Informationen enthalten, die die Agentur für ihre Arbeit braucht. Tut es aber meistens nicht …
Das ideale Kundenbriefing liefert alle erforderlichen Informationen – gibt aber nicht die Kommunikationsstrategie vor.
I. Der Markt
–   Definition des Marktes
–   Größe und Entwicklung des Marktes
–   Definition, Größe und Entwicklung von Teilmärkten und/oder Marktsegmenten
–   Bedeutung und Entwicklung der eigenen Marke
–   Definition der (Kern-)Konkurrenz
–   Bedeutung und Entwicklung der Konkurrenz/Konkurrenzangebote
II. Das Produkt
–   Produktdeklaration (Beschreibung)
–   gegebenenfalls Herstellungsverfahren (Besonderheiten)
–   Packungsgrößen bzw. deren Bedeutung im Markt
–   Distributionskanäle und deren Absatzbedeutung
–   Preisstellung
–   Rolle des Angebotes/der Marke in der Unternehmensstrategie

III. Der Konsument

Entwicklung eines Bedürfnismodells des Marktes

1) Wer kauft und verbraucht?
   Verbraucherpotenziale und Strukturen
   (Intensivkäufer? Entscheider?)

2) Kauf- und Verbrauchsgewohnheiten
   Saisonal und bevorzugte Distributionskanäle, Anlässe, Preissensibilität/Ausgabebereitschaft, Marken- bzw. Kategoriequalität etc.

3) Warum wird gekauft oder verbraucht?
   a) Physische(r) Produktnutzen
   b) Bedürfnisse oder Motive
      Differenzierung Grundnutzen/Zusatznutzen
   c) Daraus resultierende Produkterwartungen oder Leistungen (Imagedimensionen)

4) Kategoriegrenzen aus Verbrauchersicht, Substitutionsbereiche

IV. Der Wettbewerb

Erweiterung des Bedürfnismodells zum Marktmodell durch Zuordnung des Angebots

1) Imagepositionen der Haupt-Wettbewerber

2) Analyse der Kommunikationsstrategien des Wettbewerbs sowie kritische Würdigung der eigenen Kommunikation
   a) quantitativ: Budget, Mediamix
   b) qualitativ: Copyanalyse (Ziel der Werbung, angestrebte Positionierung)

V. Die Marketingstrategie (1)

1) Langfristige strategische Zielsetzung
Was soll mit dem Produkt/Angebot langfristig beim Verbraucher erreicht werden?
Welche Rolle soll das Produkt/Angebot im Markt spielen? Marktführer, Preisführer, Spezialist, Qualitätsführer? Konkurrenzabwehr?

2) Definition der Absatzquellen/Zielgruppen
Wo soll der Mehrabsatz des Produktes herkommen?
   – Andere Produkte der Produktkategorie (Brand switching)
   – Steigerung der Kaufhäufigkeit
     • Intensivierung des Verbrauchs
     • Schaffung neuer Konsumanlässe

- Schaffung neuer Verwendungs- und Verbrauchs-
  möglichkeiten
  – Substitutionskonkurrenz
  (neue Käufer aus anderen Marktfeldern)
3)   Zielgruppendefinition
Welche Personen verkörpern die Absatzquelle (kurz- oder
langfristig)?
   a) soziodemographisch
   b) psychologisch
   – Einstellungen, Interessen
   – Verhalten
   – Lebensstil
   – Persönlichkeit
   – Rollenspiel
   – Äußere Erscheinung
   – Lebensphase
     usw.
4)   Positionierung
   a) Anspruch
      Was soll der Verbraucher über unser Produkt im Ge-
      gensatz zur Konkurrenz denken, welche Verbraucher-
      erwartung soll durch welches kompetitive Leistungs-
      angebot befriedigt werden?
      In Bezug auf
      – Produktnutzen
      – Erlebnisnutzen
   b) Begründung
      Plausible, glaubwürdige Begründung bzw. Beweis des
      Anspruches
Die Realität für die verbleibenden 99% aller Briefings sieht lei-
der eher wie folgt aus: komplette schriftliche Briefings gibt es
so gut wie gar nicht. Um aber eine Arbeitsunterlage für inter-
ne/externe Projektabläufe zu schaffen, hier ein Vorschlag für
einen Briefingleitfaden. Dieser kann sowohl bei einem telefonischen Briefing eingesetzt werden, als auch ergänzend für
das abgegebene schriftliche Briefing dienen:
1) Datum
2) Kunde – z.B. Philips Licht
3) Ansprechpartner

4) Projektbezeichnung – z.B. Einführung einer neuen Energiesparlampengeneration
5) Werbemittel – z.B. Broschüre
6) Umfang – z.B. 6 Seiten
7) Format – z.B. A5-Leporello
8) Hintergrund – z.B. Mitbewerber bieten Billig-Lampen an
9) Zielsetzung – z.B. höheren Preis durch den Qualitätsaspekt rechtfertigen, Produktvorteile aufzeigen
10) Termine/Deadlines – z.B. DU-Termine
11) Verteiler

Im Idealfall kommen die notwendigen Infos vom Kunden. Ansonsten bleibt einem nur die Option, vage Andeutungen des Kunden inhaltlich zu verdichten und sich dieses „selbstgestrickte" Briefing von Kundenseite freigeben zu lassen.
Fehlende Infos kann man sich auch sonst von anderen Abteilungen (z.B. Produktmanagement/Mafo) besorgen.

4.6.2. Kommunikationsstrategie

Basis des Kreativbriefings, Dreh- und Angelpunkt der Kommunikationsstrategie, ist der Verbraucher, seine subjektive Sichtweise, seine Gefühle, sein Wollen, seine Wünsche und Erwartungen werden wichtiger als objektive Fakten. Nicht die Realität definiert stategische Optionen, sondern subjektive/s Meinungen/Empfinden.

Analysiert werden:
1) Vorhandenes Markenimage
2) Zukünftiges Markenimage
3) Definition des Kommunikationsziels
4) Definition der Zielgruppe
5) Festlegung des psychologischen Überzeugungsmechanismus
    1) Vorhandenes Markenimage
    Was denkt der Verbraucher heute über die Marke? Was leistet sie, was leistet sie nicht? Welche Werte und Assoziationen sind mit ihr verbunden?
    2) Zukünftiges Markenimage

Was soll die Marketing-Zielgruppe zukünftig über die Marke denken? Welche Leistungen soll sie bieten? Welche Werte ausstrahlen?

Beschreibung der angestrebten Markenpersönlichkeit.

3) Definition des Kommunikationsziels

Welche Aufgabe im Marketingmix wird der Werbung zugeteilt? Was soll die Werbung/die einzelnen Werbemittel erreichen/beitragen – kurzfristig/mittelfristig/langfristig.

4) Definition der Werbezielgruppen

Marketingzielgruppe: demographische und psychologische Struktur der potenziellen Verwenderschaft.

Kommunikationszielgruppe: Definition des genutzten Meinungsmodells, Bestimmung der Media-Schwerpunkte.

Gestaltungszielgruppe: Beschreibung des projektiven Verwenders, mit dem sich der tatsächliche Verwender identifizieren kann.

5) Festlegung des psychologischen Überzeugungsmechanismus

Wie soll der Verbraucher überzeugt werden, welche Emotionalität, welche Argumentation, welche Analogie bzw. Tonalität ist effektiv?

Präsentationen

Die folgenden Punkte sind das Grundgerüst einer Präsentation:
– Einleitung/Aufgabenstellung
– Strategische Hinleitung
– Ausgangssituation
– Lösung/kreative Umsetzung (Bsp. Layouts, Treatments)
– Vorgehen

4.6.3. Creative Brief

Das Briefing der Kreativen wird von Agentur zu Agentur unterschiedlich weitergegeben. Einige bestehen auf der schriftlichen Form, anderen reicht ein mündliches Briefing. Es ist oftmals auch eine Sache von Effizienz, ob man bei kleineren Projekten das Briefing am runden Tisch oder gar am Telefon bespricht oder es, mit mehr Zeitaufwand verbunden, niederschreibt. Ein Kompromiss ist eine Telefonnotiz, solange es sich um kleinere Änderungen handelt. Diese wird dann an das gesamte Team weitergeleitet.

Hier sind beispielhaft Punkte eines so genannten Creative Briefs aufgeführt. Sie sind im Großen und Ganzen deckungsgleich mit den Punkten der Kommunikationsstrategie und werden, wie gesagt, von Agentur zu Agentur jeweils justiert. Diese Punkte sind vom Berater mit Inhalt zu füllen und dienen als Grundlage für die kreative Umsetzung.

1) Was ist erforderlich? (inkl. praktische Guidelines)
   Z. B. Relaunch eines Produktes, Neueinführung, Weiterführung der bestehenden Kampagne.
2) Was soll die Werbung erreichen?
   Was soll die Zielgruppe aufgrund der Werbung tun oder denken?
3) Was wissen wir über unsere Zielgruppe (Einstellungen, Stimmungen, Bedürfnisse)?
   Keine demographische Beschreibung oder Lebenseinstellungs-Zusammenfassung, sondern der Versuch einen tiefen Einblick in die momentane Stimmungslage oder Verhaltensweisen des Konsumenten zu bekommen, in der Hoffnung, dass es einen weiterbringt.
4) Welcher zielgerichtete Response soll die Werbung hervorrufen?
   In einem eindeutigen Punkt soll zusammengefasst werden, was die Zielgruppe als Essenz mitnehmen soll. Hier ist nicht gefragt, was die Werbung sagen will.
5) Welche wesentlichen Eigenschaften der Marke bieten den besten Stimulus, um diesen Response hervorzurufen (emotional oder rational)?
   Hier geht es um Fakten.
6) Aspekte, welche die Markenpersönlichkeit zum Leben erwecken.
   Erste Ideen sammeln und entwickeln (das könnte helfen, inkl. Filmausschnitte, Bilder etc.).

4.7. Informationsbeschaffung

Man kann nicht alles im Kopf haben, man muss nur wissen, wo man die gesuchten Informationen abrufen kann.

4.7.1. Verlagsstudien

Die folgenden Studien geben Informationen zu: Produktverwendung und Verwendungsintensitäten, Markenverwendung (Hauptmarke, Nebenmarke), Verbrauchermerkmalen, Markendreiklang, Marktsituation, Preisentwicklung, Distribution, Spendings und Branchenerwartung.

– Verbraucher-Analyse (VA vom Springer/Bauer-Verlag)
  Jährlich durchgeführte Markt- und Mediaanalyse des Bauer- und Springer Verlags, die die Medianutzung und das Konsumverhalten von Erwachsenen ab 14 Jahren untersucht. Unterschiede zur MA: deutlich niedrigere Fallzahl, ca. 22.000 Personen, ein breites Spektrum an Fragen zu Lifestyle, Produkt- und Markenverwendung.
– Allensbacher Werbeträgeranalyse (AWA)
– Typologie der Wünsche (Burda Verlag)
– Markenprofile (Stern-Bibliothek vom Gruner + Jahr Verlag)
– Dialoge (Stern-Bibliothek vom Gruner + Jahr Verlag)
  Marketing/Media-Studie für gesellschaftsorientiertes, innovatives Unternehmens-, Produkt-, Dienstleistungs- und institutionelles Marketing
– Branchenbilder (Gruner + Jahr Verlag)
  Zusammenfassung der wichtigsten Branchenindikatoren.
– Maria (Gruner + Jahr-Verlag)
  Zusammenstellung von Einzelartikeln zu einem bestimmten Thema, z.B. Computerbranche oder EXPO.
– Brigitte Kommunikationsanalyse
  Markt/Mediauntersuchung zur Analyse von Markenpositionen in unterschiedlichen Medien (Markendreiklang: Bekanntheit, Sympathie, Verwendung sowie das Markenpreisbewusstsein wird untersucht)
– Focus Marktanalyse
  Ausführliche Darstellung einzelner Märkte, z.B. Versicherungen.

- Outfit (Spiegel Verlag)
- Fame (Verlagsgruppe Milchstraße)

Verlags-Kontakte

Gruner + Jahr Verlag
Marketing-Service
Tel: 040-3703-2983

Axel Springer Verlag
Marketing Anzeigen
Tel: 040-3472-3034

Verlagsgruppe Bauer
Mediamarketing
Tel: 040-3019-3226

BAC
Burda Advertising Center GmbH
Tel: 0781-842953

Spiegel Verlag
Marktforschung
Tel: 040-3007-2812

Verlagsgruppe Milchstraße
Marketing-Service
Tel: 040-4131-1368

4.7.2. Fachzeitschriften

Jede Fachzeitschrift entwickelt und verbreitet eigene Studien bzw. Marktberichte. Beispiel hierfür das Supplement der w&v namens „Compact". Hier werden regelmäßig Teilbranchen, Unternehmen, Mediaspendings sowie die Medienlandschaft Europas analysiert.
Eine zweite Infoquelle bieten die Archive der Fachzeitschriften. Hier können zu bestimmten Themen (z.B. zum Fleischkonsum in Süddeutschland bei der Lebensmittelzeitung) Artikel kostenpflichtig abgerufen werden.

w&v Services
Tel: 089-4852-222

Horizont Studies
Tel: 069-7595-1942

4.7.3. Internet

Auf schnellem und kostengünstigem Weg lassen sich im
Internet Informationen und Daten zu allen aktuellen Wirt-
schafts-, Markt- und Branchendaten abrufen.

Allgemeine Wirtschafts- und Branchendaten
Allgemeine Kennziffern liefert z.B. das Statistische Bundesamt
(www.statistik-bund.de). Kaum etwas, was sich nicht in den
Tabellen der Statistiker wiederfinden ließe. Die für die Kommunikationsbranche wesentlichen Fakten finden sich unter
der Rubrik „Zahlen und Fakten". Wer regionale Informationen
benötigt, bedient sich des Datenmaterials aus den statistischen
Landesämtern.
In Deutschland haben auch die Bundesregierung (www.bun-
desregierung.de) und die Ministerien den Weg ins Internet gefunden. Das Ministerium für Wirtschaft (www.bmwi.de) gibt
unter der Rubrik Themenschwerpunkte/Informationsmaterial
allgemeine wirtschaftspolitische Informationen heraus, aber
auch Spezielles über die Medien- und Filmwirtschaft. Das „Statistische Taschenbuch" bietet eine Fülle relevanter Zahlen, z.B.
gesamtwirtschaftliche Daten, Bevölkerung und Arbeitsmarkt,
Produktion, Produktivität bis hin zu Verdiensten.

Unternehmen
Basisinformationen zum Wirtschaftsstandort Deutschland findet man unter www.business-in-germany.de.
Unter der Website-Adresse www.wlw.de (wer liefert was?)
sind zweihundertdreiundzwanzigtausend Firmen aus zehn europäischen Ländern erfasst. Sie lassen sich per Stichwort in
den Kategorien „Produkt/Dienstleistung" oder „Firma" finden.

Marktforschung
Bei der Marktforschung führt kein Weg an der Gfk-Gruppe

(www.gfk.cube.net) vorbei. Dabei beschränken sich die Forscher nicht nur auf klassische Gebiete, sondern legen z.B. aktuelle Studien zur Online-Nutzung in Deutschland vor.

Auch profilierte Unternehmensberatungen stellen Informationen aus der Marktforschung zur Verfügung. So führt Kienbaum & Partner (www.kienbaum.de) von ihrer Homepage direkt auf Seiten mit aktuellen Studien.

Wer international orientierte Informationen benötigt, der ist bei McKinsey & Company unter www.mckinsey.com gut aufgehoben.

Wirtschaft und Finanzen

Unter folgenden Website-Adressen geben Wirtschaftsmagazine, Tageszeitungen und Presseagenturen ihr Wissen preis:

Yahoo!Finanzen (www.finanzen.yahoo.de) liefert auf einen Blick die wichtigsten Daten vom DAX bis zum Dollar-Kurs.

Business Channel (www.business-channel.de) liefert die geballte Kompetenz von Fachredaktionen wie z.B. Börse online, Capital, Manager-Magazin oder Impulse.

Wirtschaftswoche Online bietet unter www.wiwo.de aktuelle Heftthemen, Infos und Tipps vom Aktienkauf bis zu Steuerfragen.

Mediadaten und Planung

Die für Marketing und Mediaplanung notwendigen Informationen stehen bereits heute zeit- und kostensparend online zur Verfügung. Zumindest für Printobjekte gilt dies. Allerdings müssen zwei Einschränkungen gemacht werden. Bei regelmäßigen Analysen in hoher Zahl ist es günstiger die Daten und Programme offline zu nutzen, da die Telefongebühren eine Online-Computerzählung aus MA oder AWA unrentabel machen würden. Zudem sind die Informationen auf diversen Websites verstreut.

Auflagen, Tarife und Titelprofile der Printmedien

Ein umfassendes Datenangebot bietet der VDZ (Verband deutscher Zeitungen) im Internet (www.pz-online.de). Hier findet man die Heft- und Quartalsbezogenen Auflagen der IVW geprüften Publikumszeitschriften, die Tarifdaten, die Anzeigen- und Heftumfänge.

Eine weitere hilfreiche Website ist die der IVW (www.ivw.de), der Informationsgemeinschaft zur Feststellung der Verbreitung von Werbeträgern.

Das zentrale Angebot der Tages- und Wochenzeitungen, organisiert vom Bund deutscher Zeitungsverleger (www.bdz.de) und der Zeitungs-Marketing-Gesellschaft (www.zmg.de) bieten neben den Tarifen und IVW-Auflagen auch die Anzeigenstatistik sowie Links zu den einzelnen Blättern. Unter dem Dach der ZMG können alle Mediadaten der Zeitungen unter www.zeitungen-online.de abgerufen werden. Außerdem hilft hier eine Verbreitungsanalyse bei der Auswahl einer bestimmten Region. Hier werden auch Preise genannt.

Eine weitere Möglichkeit der Informationsbeschaffung im Internet ist die Recherche in Online-Datenbänken wie z.B. Genios (www.genios.de).

4.7.4. Konkurrenzbeobachtung

Jeder Kontakter sollte über das Mitbewerberumfeld seines Kunden bestens informiert sein. Hier gibt es grundsätzlich zwei Ansätze:

1) Konkurrenzanalyse bzw. Marktanalyse

   D.h. welche Mitbewerber habe ich überhaupt, wie sind sie positioniert und welchen Marktanteil haben sie?

2) Analyse des Markenauftritts

   a) Grundlage der Markenauftrittsanalyse sind sämtliche Werbemittel der Mitbewerber (TV, Print, Promotions, Vkf etc.). Diese werden in regelmäßigen Abständen erfasst und ausgewertet. Kriterien der Bewertung sind z.B. Mediaselektion, Spendings (Werbeausgaben), Mediamix, Positionierung, Tonality etc. Diese Kriterien sind branchenspezifisch und müssen individuell zusammengestellt werden.

   b) Unter diesen Punkt fällt der klassische Store Check, also die Untersuchung des Produktauftritts im Markt/Geschäft. Dies bedeutet z.B. der Besuch eines Drogeriegeschäfts (im Fall Körperpflegeprodukte) oder der Filialbesuch mehrerer Banken (im Fall eines Bankkunden). Erfasst wird hier die Artikel- und Umfeldplatzierung,

Sortimentsdarstellung, Preisauszeichnung, Zweitplatzierungsmaßnahmen, Promotions etc.

Ausgewählte Kontakte
AC Nielsen (DAS Unternehmen für Konkurrenzbeobachtung der klassischen Medien)
Tel: 040 - 23 64 20

X-treme Informations GmbH (reine TV Wettbewerbs Beobachtung bieten auch Beobachtung in Europa / USA und Asien an)
Tel: 040 - 399 27 70

4.8. Eigenorganisation

Gerade der Kontakt als Dreh- und Angelpunkt des Agenturgeschehens muss gut organisiert sein. Stundenlanges Suchen nach Kostenvoranschlägen, Reinzeichnungen oder Sonstigem ist zu vermeiden.

4.8.1. Ablage

Ablage – ungeliebt, aber lebensnotwendig für den Kontakt. Natürlich gibt es ein „kreatives Chaos", aber wie der Name sagt, gehört das eher in den Bereich Kreation. Meistens kann man bereits vorhandene Ablagesysteme nutzen: z.B. werden einzelne Projekte in Jobtaschen oder Ordnern abgelegt. Hier findet sich vom Briefing bis zum verabschiedeten Reinlayout alles, was zu diesem Projekt entwickelt und schriftlich fixiert wurde. Reinzeichnungen kommen entweder mit in die Projekttasche/den Ordner oder werden separat aufbewahrt (bietet sich z.B. bei einer Anzeigenkampagne mit den unterschiedlichsten Motiven bzw. Titeln an). Der Trend geht allerdings zum so genannten papierlosen Arbeiten. Das bedeutet, das Anlegen virtueller Jobordner im Computer. Auch hier wird alles „aufbewahrt", was zum entsprechenden Projekt gehört. Idealerweise gehört das Thema Ablage zum Tagesgeschäft. Das heißt also, Ablage täglich, egal ob reell oder virtuell.

Ganz wichtig, aber gerne in der Hektik des Tagesgeschäftes vernachlässigt: alles, was das Haus verlässt, wird kopiert! Und dann, natürlich täglich, dem Projekt zusortiert.

4.8.2. Schreibtisch

Es soll Agenturen geben, da darf sich abends und morgens nichts und schon gar nichts Persönliches auf dem Schreibtisch befinden. Frei nach dem Motto: „Je weniger von der Arbeit ablenkt, umso größer die kreativen Entfaltungsmöglichkeiten bzw. die Effizienz". Die Vorgaben diesbezüglich variieren zum Glück. Drohungen von besonders peniblen Chefs, abends alles Überflüssige in eine große Mülltüte zu befördern, sollten allerdings ernst genommen werden.

Was man nicht braucht, fliegt in den Müll. Erbarmungslos. Weg mit den Präsentationen von 1983 von Ex-Kunden, die auch im Firmenarchiv stehen, weg mit den Anzeigen-Belegexemplaren von 1995, weg mit dem kaputten Tesaabroller. Der Rest passt in ein einfaches Körbchen-Ablagesystem auf dem Schreibtisch. Je Kunde ein Körbchen, in dem sich die laufenden Projekte befinden und ein Körbchen für Allgemeines. Besonders nützlich sind auch Wiedervorlagemappen. Die Notiz für ein Telefonat, das erst am 26. des Monats fällig ist, einfach in Fach 26 legen. Beste Vorbeugung gegen den Alzheimereffekt am Schreibtisch: jeden Morgen als erstes einen Blick in die Mappe.

4.8.3. Erledigung

Täglich kommen Anfragen, Wünsche etc. interner und externer Natur in die Beratung geschneit. Von einer Kopie des letzten Präsentationsbooklets bis zum hilflosen CD, der wieder mal seine aktuellen Textmanuskripte sucht über die Mafo, die die Absatzzahlen des letzten Halbjahres „verschlampt" hat und dem Kunden, der mit überflüssigen Copyrightanfragen nervt. All diese kleinen oder auch größeren Jobs/Anfragen sollten möglichst umgehend erledigt oder delegiert werden. Denn je länger ein Thema aufgeschoben wird, um so größer ist der damit verbundene Zeitaufwand. Zusatznutzen: Als Kollege bzw. Ansprechpartner kann man so „Fleißpunkte sammeln" und sich intern sowie extern ein gutes Standing verschaffen. Gerade beim Beraterjob gleicht kein Tag dem anderen, das sollte in der Tages- bzw. Wochenplanung berücksichtigt werden. Heißt, für unvorhergesehene Aufgaben/Anfragen ist Zeit einzuplanen.

Bei der individuellen Zeitplanung hilft ein Terminkalender. In einem gut geführten Terminkalender stehen alle relevanten Termine, interne und externe Meetings (z.B. Jour Fixe, Kundentermine, DU-Termine etc.), als auch Adressen, Telefonnummern und Kunden-Geburtstage. Den Timer möglichst immer in Meetings mitnehmen – damit Sie Geistesblitze jederzeit notieren und Projekte schon mal grob auf Realisierbarkeit prüfen können.

4.8.4. Kontrolle

Nicht nur die weibliche Leserschaft kennt den Spruch „Vertrauen ist gut, Kontrolle ist besser" zur Genüge. Für die Kundenberatung ist akribisches, sorgfältiges, detailgetreues Arbeiten Pflichtprogramm. Die Beratung ist schließlich die Schnittstelle, also auch potenzieller Fehlermultiplikator, zwischen Kunde und Agentur: sei es nun ein falsch verstandenes oder interpretiertes Briefing, Weitergabe unvollständiger oder falscher Zahlen und Termine etc. Besondere Sorgfalt verdienen alle Dinge/Projekte, die die Agentur verlassen. Nichts ist schlimmer als fehlerhafte Unterlagen zum Kunden zu schicken. Sei es ein fehlerhaftes Textmanuskript, falsche Timings, unvollständige Mediapläne etc. Lieber noch jemand anderes das Projekt gegenchecken bzw. gegenlesen lassen. Das gilt insbesondere für Tabellen wie z.B. DU-Pläne, Broschürentexte oder Telefonnummern. Aber auch der letzte Quercheck bei einer Printanzeige, die nur wenig Text hat. Kleine Anekdote, für einen Kunden aus der Gemüsebranche sollten Imagemotive geschaltet werden. Eine Headline lautete: „Unsere Tomaten sind grüner, als Sie denken." Fast gedruckt wurde: „Unsere Tomaten sind grüner, als sie denken." Es passiert auch öfter als man denkt, dass Essentials wie Claim, Logo oder Packshot vergessen werden oder nicht auf dem letzten Stand sind.

4.9. Kundenumgang

4.9.1. Der Ton macht die Musik

Die Basis für eine gute Kunden/Agentur-Beziehung ist ein höflicher und respektvoller Umgang miteinander. Gerade Agentur-bzw. Kontakter seitig ist dies ein „Must". Auch wenn der Kunde seine vorhandene, oder nicht existente, Kinderstube vergisst, sollte man als Dienstleister immer die Contenance wahren, sich auf einem sachlichen Gesprächsniveau bewegen und Souveränität an den Tag legen. Schwierige Situationen ergeben sich immer dann, wenn Fehler passiert sind und es mal wieder niemand war. Als Kontakter wird man in 99% aller Fälle den ersten „Anschiss" kassieren (ob vom Kunden, Kollegen oder Vorgesetzten).

Jetzt heißt es Ruhe bewahren. Sollte der Kunde/Kollege ausfallend und persönlich werden, hilft ein emotionslos vorgetragenes „Bitte in einem anderen Ton". Zeigt das keine Wirkung, sollte man diplomatisch das Gespräch vertagen. Oftmals möchte sich der Gesprächspartner allerdings nur Luft machen und seinen Unmut äußern. Dann empfiehlt es sich zuzuhören, zuzustimmen und Besserung zu geloben. Also nicht, wie erlebt, mit dem Kunden eine Diskussion über den Sinn oder Unsinn von bestellten, und nicht rechtzeitig gelieferten Pappen beginnen.

Eine Kundenbeziehung ist ein filigranes Geflecht aus persönlichen Aspekten und fachlicher Kompetenz, welches sich entwickeln und wie ein junges Pflänzchen „gehegt und gepflegt" werden muss. Auch wenn eine stabile und persönliche Kundenbeziehung aufgebaut wurde, darf man nie vergessen: Kunde bleibt Kunde. Im Zweifel ist das eigene Unternehmen dem Kunden immer näher als die Agentur.

4.9.2. Richtig telefonieren

Während man im persönlichen Umgang viele Möglichkeiten hat, Höflichkeit und Freundlichkeit nonverbal auszudrücken, ist man während eines Telefongespräches der Gestik als Kommunikationsform beraubt. Aus diesem Grund sollte man seiner Wortwahl wesentlich mehr Aufmerksamkeit widmen, als dies für ein persönliches Gespräch notwendig ist.

Als Anrufer sollte man immer zuerst seinen Namen, und wenn nötig, auch die Firma sowie „Guten Tag" sagen. Man sollte nie vergessen, Bitte und Danke zu sagen. Man sollte sämtliche Unmutsbezeugungen vermeiden, selbst wenn man vom Gesprächspartner genervt ist, wie z.B. „Das habe ich Ihnen doch schon mal gesagt". Höflichkeit und Diplomatie sind das Gebot der Stunde. Zudem sollte man seinem Gesprächspartner das Gefühl geben, dass man ein Gesprächsziel hat. Hilfreich sind hierbei eine Checkliste/Leitfaden (stichpunktartig) für das Gespräch, die man sich im Vorfeld macht.

Übrigens: Schnaps ist Schnaps und Mittagspause ist Mittagspause. Auch wenn in jedem Wellness-Berater steht, dass man über den Tag verteilt mehrere kleine Mahlzeiten zu sich nehmen soll, muss das nicht ausgerechnet während eines Kundentelefonats passieren. Es gibt keine größere Herausforderung als zwischen Schmatz- und Schlürfgeräuschen ein Briefing entgegenzunehmen oder die Nicht-Einhaltung eines verabschiedeten Timings zu verargumentieren.

4.10. Kundenmeetings

Nicht alle Kundenmeetings sind einer Präsentation gleichzusetzen. Oftmals bittet der Kunde zum Briefing oder es werden laufende Projekte durchgesprochen. Eine andere Form von Kundenmeetings haben so genannten Workshopcharakter. Hier werden Inhalte oder Briefings gemeinsam von Kunde und Agentur erarbeitet oder Präsentationen auf Vorstandsebene vorbereitet. Eine dritte Form des Kundenmeetings ist der so genannte Jour Fixe. Dies ist ein regelmäßig, meist wöchentlich, angesetzter Termin, in dem anhand einer Agenda die laufenden Projekte sowie zukünftige Aufgaben besprochen werden.

4.10.1. Präsentationen

Bei einer Präsentation werden dem Kunden Strategien, Gestaltungskonzepte, ganze Kampagnen oder Werbemittel vorgestellt. Die Präsentation ist sozusagen das Verkaufen der entwickelten Konzepte/Kreation, die dann im Anschluss per Pappe oder multimedial per Beamer präsentiert werden.

Die wenigsten Einsteiger werden in die Verlegenheit kommen, eine Präsentation halten zu müssen. Empfehlenswert ist es allerdings, jede Gelegenheit an derselben teilzunehmen, zu nutzen. Die Bandbreite von Präsentationen reicht von peinlich bis brillant.

Wer präsentiert, hängt vom Inhalt der Präsentation ab, zumeist ist es für den Bereich Strategie/Konzept der Berater, für die Kreation der CD. Bei kleineren Präsentationen kommt es allerdings oft vor, dass der Berater die gesamte Präsentation hält.

Die folgenden Punkte sind bei einer Präsentation besonders wichtig:

1) Grundregeln
2) Überzeugungskraft
3) Gliederung
4) Handout/Booklet

1) Grundregeln
- Blickkontakt aufnehmen
- Freundliche und offene Mimik
- Deutliche Aussprache
- Während der Diskussion Teilnehmer ausreden lassen
- Kurze, unverschachtelte Sätze bilden
- Logische Gliederung
- Einzelne Gliederungspunkte müssen einen Zusammenhang zum Gesamtziel des Vortrags haben („roter Faden")
- Ruhig den Zuhörern zugewandt stehen
- Sparsamer Einsatz von Gestik zum Unterstreichen des Gesagten
- Nervosität möglichst unterdrücken (Machen Sie sich einfach klar, dass es den meisten Menschen wie Ihnen geht.)

2) Überzeugungskraft

Ein guter Redner überzeugt und versucht nicht zu überreden. Nur stichhaltige, überzeugende und nachvollziehbare Argumente hinterlassen einen nachhaltig zufriedenen Eindruck beim Kunden. Die Überzeugungskraft hängt hierbei u.a. von der persönlichen Glaubwürdigkeit des Vortragenden sowie der Form der Darstellung ab.

Die Glaubwürdigkeit des Vortragenden hängt stark von seiner fachlichen Kompetenz ab. Beim Kunden steht der Wunsch nach Sachinformationen im Vordergrund. Bei der Vorbereitung der Präsentation muss man sich bereits mit möglichen Gegenargumenten befassen. Hierfür ist es wichtig, sich einmal in die Rolle des „Gegners" hineinzuversetzen. So können Gegenargumente gefunden werden, die dann in die eigenen Argumente eingebunden werden können. Vor jeder Präsentation sollten folgende Fragen beantwortet werden:

- Was will ich mit dieser Präsentation erreichen? (z.B. Erhöhung des Mediavolumens)
- Was kann ich erreichen? (z.B. maximale Erhöhung um x Prozent)
- Wie will ich argumentieren? (Mediaverhalten der Mitbewerber)
- Welche Einwände sind zu erwarten? (schlechte Verkaufszahlen im zweiten Halbjahr)
- Wie will ich auf diese Einwände reagieren? (Antizyklisches Werbeverhalten verargumentieren)

3) Gliederung einer Präsentation

Grundsätzlich werden Präsentationen nach folgendem Schema aufgebaut:
- Einleitung
- Hauptteil
- Zusammenfassung
- Diskussion

4) Handout/Booklet

Zu einer Präsentation gehören je nach Aufgabenstellung, auch Unterlagen, die den Teilnehmern ausgehändigt werden. Inhaltlich muss das Booklet auf jeden Fall auf die Präsentation abgestimmt sein. Es darf keine Verwirrung durch Informationen geben, die im Widerspruch zur mündlichen Ausführung stehen. In den meisten Fällen besteht das Booklet aus einer Hardcopy der vorgetragenen Charts. Auf jeden Fall muss das Booklet ein Deckblatt mit dem Titel des Vortrags, dem Datum und dem Veranstaltungsort haben. Danach folgen die kopierten Charts (in Reihenfolge des Vortrags) und eventuell noch Farbkopien der kreativen Umsetzung.

Der Kontakter prüft jedes einzelne Booklet auf die richtige Seitenreihenfolge. Die Booklets sind, nicht nur für New-Business-Präsentationen, die Visitenkarte einer Agentur. Bei der Herstellung ist also äußerste Sorgfalt anzuwenden. Besonders unangenehm, um nicht zu sagen geschäftsschädigend, sind daher Eselsohren, schief kopierte Seiten, Doppellochungen am Rand oder das Fehlen ganzer Seiten.

4.10.2. Nach der Pappenschlacht

Egal wie aufwendig die Präsentation, wie viele Pappen, Charts etc. zum Einsatz kamen, eines ist so sicher wie das Amen in der Kirche: Der Kunde wird Feedback geben. Im besten Fall gibt es marginale Änderungen am Präsentierten und allseits zufriedene Gesichter – im worst case wird die Agentur „unverrichteter Dinge" wieder nach Hause geschickt und muss von vorne beginnen. An dieser Stelle nochmal ein Satz zum Thema Briefing bzw. Briefingumsetzung. Es ist die Mission des Kontakters das Kundenbriefing „richtig" zu interpretieren, also herauszufinden, welches Ziel verfolgt wird. Dieses Briefing an die Kreation oder Serviceabteilungen der Agentur weiterzugeben und vor allem: die Umsetzung im Sinne des Kunden zu beurteilen („on Strategy").

Gerade bei Kundenmeetings wird die Zweischneidigkeit des Beraterjobs am deutlichsten. Denn des Öfteren weichen die Kundenwünsche von den Vorstellungen der Agentur ab. Wenn der Kunde z. B. ausdrücklich eine 1/1-Seiten Kampagne vorgibt und die Agentur die Umsetzung auf Doppelseitenbasis präsentiert, mit dem Argument „Weniger (GRPs) ist manchmal mehr". Spätestens jetzt haben Sie ein Problem: Stellen Sie sich auf Kundenseite, sammeln Sie Minuspunkte in der Agentur, vertreten Sie die Agentursicht, riskieren Sie das Unverständnis des Kunden. An dieser Stelle sind zwei Dinge gefragt: interne Loyalität und Diplomatie in Richtung Kunde. Bei einem Kundentermin sind und bleiben Sie Repräsentant der Agentur. Alles, was Ihnen an einer Umsetzung missfällt, sollte zunächst intern geklärt werden. Hat der Kunde, Ihrer Meinung nach, berechtigte Einwände, sollten Sie möglichst neutral erklären, wieso die Agentur gerade die vorgestellte Lösung gewählt hat (auch wenn Sie selbst völlig anderer Meinung sind, denn wie gesagt, das hätten Sie vorher regeln müssen).

Merken Sie ruhig an, dass Sie die Problematik erkannt, intern diskutiert hätten und dennoch Befürworter der vorliegenden Umsetzung sind. Selbst wenn Sie explizit nach Ihrer eigenen Meinung gefragt werden, halten Sie sich bedeckt. Kundenmeetings sind in keinem Fall ein Forum für agenturinterne Diskussionen oder im schlimmsten Fall Streitrunden à la „das habe ich doch die ganze Zeit gesagt" oder „ich hab die Moodboards auch nicht verstanden…".

Will der Kunde sich absolut nicht überzeugen lassen, ist es wichtig, die Gründe hierfür genau zu erforschen. Zudem muss die neue Marschrichtung möglichst detailliert diskutiert bzw. in einem Rebriefing schriftlich festgehalten werden. Mit einem „Gefällt mir nicht" sollten Sie sich nie zufrieden geben, weil Sie mit diesem Argument bei jedem Kreativen aus dem Büro fliegen – zu Recht.

Und noch ein kleiner Tipp: Auch wenn es das zehnte Meeting zu einem Anzeigenmotiv ist und bereits der hysterische Texter/Art Director/Produktioner mit Schaum vorm Mund vor Ihrem geistigen Auge erscheint – bleiben Sie ruhig und souverän. Sehen Sie es positiv, denken Sie daran, wie groß die Freude ist, wenn das Projekt endlich abgeschlossen ist.

4.11. Kleiderordnung

Genau wie das Design eines Firmenschildes oder die Ausgestaltung schicker Agenturräume, ist das Erscheinungsbild eines Mitarbeiters ein wesentlicher Verkaufsfaktor: „You never have a second chance to make a first impression".

Es gibt nur wenige Menschen, die es sich leisten können, wenig Wert auf ihr Äußeres zu legen. Jede Berufssparte hat ihre eigene Bekleidungsuniformität.

Dies bedeutet für den Bereich Kundenberatung innerhalb der Werbeagentur eine eher formelle Bekleidung, da der Dresscode im Unternehmen zumeist auch eher konservativ ist. Darüber hinaus müssen auch Kreative oder andere Kollegen, die im Kundenkontakt stehen, stets kundenadäquat gekleidet sein. Grundregel: Die Bekleidung sollte dezent, nicht zu modisch, zu sexy, zu bunt sein und zudem einen gepflegten Eindruck machen.

Apropos Pflege, so mancher Kollege macht sich durch zeitweilig strengen Geruch unbeliebt. Deshalb sollte, selbst bei noch so kleinem Einstiegsgehalt, ein Deo immer drin und dran sein.

Der Kontakt muss täglich mit einem spontanen Kundenmeeting rechnen, deshalb: die bauchfreien Tops, zerrissenen Jeans und weißen Tennissocken zu Hause lassen und auch nicht am casual Friday auspacken. Das bedeutet nicht, dass man täglich im kleinen Schwarzen oder superbiederen Kostüm bzw. Anzug antreten muss, aber seien Sie gewiss: Die Kleidung unterstreicht das gesamte Auftreten. Sie rundet das Erscheinungbild ab und ist, wenn auch unbewusst wahrgenommen, ein Kompetenzindikator.

4.12. Stress abschalten

Das Meeting beim Kunden hat mal wieder ewig gedauert, eine Anzeige ist verdruckt, der Spot ist zur falschen Sendezeit gelaufen und das Brötchen schmeckt heute beschissen. Zeit, sich eine kleine Erholung zu gönnen. Gerade im stressigen Agenturalltag sollte man sich Ruheoasen gönnen. Wenn eine ausgedehnte Mittagspause in Form eines Spazierganges nicht möglich ist, helfen die folgenden Entspannungsübungen. Man kann sie wunderbar im Büro anwenden, sie sind kostenlos (im Gegensatz zu diversen, bekannten Frustkäufen) und dauern nicht mal lang.

Angespannt, hektisch und reizbar?
- Ein Glas Wasser in großen Schlucken zügig austrinken.
- Bewusstes, konzentriertes Ausatmen beruhigt.
- Überlegen Sie sich, was Sie eigentlich so aufregt. Das verhindert noch größeren Stress.
- Reden Sie sich bei einem guten Kollegen den Ärger von der Seele.

Erschöpft, deprimiert und kraftlos?
- Vor das geöffnete Fenster stellen und kräftig einatmen.
- Zügig auf- und abgehen.
- Kaltes Wasser über die Handgelenke laufen lassen.
- Zwei Gläser frischen Orangensaft trinken. Vitamin C aktiviert den Stoffwechsel.

5. Glossar

5.1. Allgemeine Werbebegriffe

AIDA
Die Erfolgsformel der Werbung: Aufmerksamkeit erregen (Attention), Interesse wecken (Interest), Kaufwunsch erzeugen (Desire), Kaufen (Action).

AD
Abk. für Art Director. Der AD ist für die visuelle Gestaltung von Werbung verantwortlich. Als Grafiker beginnt man meist als Junior-AD. Vorsicht: Der Gag „Ich bin so ne Art Direktor" ist in jeder Agentur seit Generationen bekannt.

ADC (Art Directors Club) Wettbewerb
DER deutsche, jährlich stattfindende Kreativwettbewerb. In mehreren Kategorien, z. B. Print, TV oder Plakat werden die kreativsten Ideen von einer Jury (Creativ Direktoren, Fotografen und Texter) mit Nägeln (Preis) belohnt. Es gibt bronzene (für Arbeiten, die vorbildlich und richtungweisend in ihrer Kategorie sind), silberne (erhalten Arbeiten, die neue Maßstäbe in ihrer Kategorie setzen) und goldene (erhalten Arbeiten, die eine überragende kreative Innovation sind und international bestehen können) Nägel.

Brainstorming
Ideenfindung. Eigentlich die wichtigste Funktion der Kreativarbeit. Mehrere Leute sitzen zusammen und suchen die beste Werbe-Idee. Das Resultat gibt die konzeptionelle Richtung der Kampagne vor.

Below-the-Line
Alles, was nicht „klassische" Werbung ist: Broschüren, Briefe (Mailings), Messenwerbung, Verkaufsaktionen etc.

Billings

Es gibt Actual Billing (Totalumsatz einer Agentur) und Equivalent Billing (Umsatzvergleichszahl), die sich aus der Formel „Agenturvertrag x 6,67" ergibt. Etwas lapidar könnte man auch „Bruttoumsatz" dazu sagen.

Briefing

Informationsweitergabe. Einer (z. B. Kunde oder Chef) macht einem anderen (z.B. Agentur, Texter) mündliche oder schriftliche Angaben zu einem Projekt und überlässt diesem dann die Lösung desselben innerhalb des gesetzten Rahmens (Zielgruppe, Budget etc.).

Budget

Wird synonym mit dem Begriff Etat verwendet und bezeichnet die Summe eines jeden Postens in der Bilanz eines Unternehmens.

Cannes-Rolle

Kino-Film mit Werbespots aus aller Welt, die beim alljährlichen Werbefilmfestival in Cannes einen bronzenen, silbernen oder goldenen Löwen oder gar den Grand Prix der Jury gewonnen haben. Kommt jedes Jahr im Frühsommer auf den Markt und erfreut sich besonderer Beliebtheit gerade bei denen, die sonst nur über Werbung schimpfen.

Copy

Fließtext. Das, was man hier lesen kann, nennt man Copy.

Corporate Design (CD)

Getaltungsrichtlinien einer Firma. Es ist zu unterscheiden zwischen dem Corporate Design der Geschäftsausstattung und dem der Kommunikation/Werbung.

Corporate Identity (CI)

Das gesamte Auftreten eines Unternehmens in der Öffentlichkeit. Betrifft die externe, sowie interne Kommunikation, visuelle Umsetzung (CD) sowie das gewünschte Verhalten der Mitarbeiter.

Effie
Der deutsche Werbe-Oscar für besonders (nomen est omen) effiziente, am Markt erfolgreiche Werbung, der jährlich vom Gesamtverband Werbeagenturen (GWA) verliehen wird.

Etat
Gesamtbetrag, der für werbliche Maßnahmen innerhalb eines bestimmten Zeitraums von einem Kunden zur Verfügung gestellt wird. Wird synonym mit dem Begriff Budget verwendet.

Freelancer
Freiberufler. Jemand, der für verschiedene Agenturen arbeitet oder nur für einzelne Projekte engagiert wird (mittlerweile gibt es für jede Position freie Mitarbeiter, also Texter, Grafiker, Reinzeichner, Kontakter und sogar Planner).

Gross Income
Die Summe aller Honorare und Provisionen (ohne Mediaspendings) die eine Agentur innerhalb eines Zeitraums (meist ein Jahr) erhalten hat. Das Gross Income entspricht dem Nettoumsatz und gilt als die Vergleichsgröße unter Agenturen.

Headline
Überschrift, Schlagzeile oder auch Aufmacher. Besonders deutlich im journalistischen Bereich.

Kampagne
Die geballte Werbung in Form verschiedenster Werbemaßnahmen (Anzeigen, Verkaufsaktionen, TV- und Radiospots) für einen Kunden.

Klassische Medien
TV, Radio, Zeitung, Zeitschrift, Plakat und Kino.

Kukis
Kundenkinder. Sie stellen für Normalsterbliche die größte Hürde beim Rennen um eine Praktikanten- oder Ausbildungsstelle dar.

Layout
Erster Gestaltungsentwurf einer Seite, Anzeige, Broschüre etc. Reicht von einer Skizze (Rough) oder Scribble (Detailskizze) bis zum fast perfekt wirkenden Ausdruck (Reinlayout).

Mac
Abk. für Macintosh, von Apple. Der PC der Werber.

Meeting
Besprechung – Meeting klingt aber irgendwie besser. Andere Übersetzungen sind etwas doppeldeutig: „Termin" klingt nach Anwalt oder Arzt, „Sitzung" nach Montezumas Rache.

Mikis
Mitarbeiterkinder. Neben Kukis die zweite große Hürde um einen Praktikanten- oder Ausbildungsplatz.

Pitch
Wettbewerbspräsentation. Ein Auftraggeber lädt mehrere Agenturen ein, um konkrete Lösungsvorschläge zu einem Projekt präsentiert zu bekommen. Dazu gehört neben dem strategischen Ansatz, die kreative Umsetzung, ein (Grob-)Kostenplan und teilweise auch eine Mediaempfehlung.

Präsentation
Die Premiere einer Idee (z.B. Spot, Anzeige) vor dem Kunden. Wenn dieser schließlich sein Okay gibt, geht es produktionstechnisch richtig los.

Storyboard
Skizzenhafte Darstellung des zu drehenden Films oder Spots mit einer Kurzfassung des Handlungsablaufs.

Testimonial
Ein vermeintlich unbeteiligter Dritter, ein zufriedener Kunde oder ein Prominenter, der sich über die Vorzüge des beworbenen Produktes auslässt.

Typo
Schrift, d. h. Schriftart (z. B. Times oder Helvetica), Schriftgröße (z. B. 8 Punkt) und Schriftschnitt (z.B. fett oder kursiv).

USP (Unique Selling Proposition)
Einzigartiger Verkaufsvorteil, also was das Produkt von allen anderen unterscheidet und es daher besonders begehrenswert macht.

Werbemittel
Das Mittel, das wirbt: die Anzeige, der Spot, das Plakat.

Werbeträger
Der Träger der Werbebotschaft (Zeitung, Zeitschrift, TV, Radio, Großfläche etc.).

5.2. Produktionsbegriffe

Analog
Kontinuierliche variable Signale oder Daten.

Auflösung
Die Zahl von Bildelementen, Pixels, Linien oder Punkten, die in der Darstellung am Bildschirm oder in der Ausgabe auf Film oder Papier wiedergegeben werden können. Meist ausgedrückt in Anzahl pro cm oder Inch.

Betriebssystem
Ein abgestimmter Satz von Programmen, Routinen und Protokollen, der einen Computer veranlasst, seine Grundaufgaben auszuführen. Diese umfassen z.B. Eingaben entgegennehmen, internen Speicherplatz verwalten, Bildschirme und Peripheriegeräte ansteuern. Das Betriebssystem gehört zur Systemsoftware, auf deren Basis die eigentlichen Anwendungsprogramme zum Tragen kommen.

Bit
Binärziffer. Die kleinste Informationseinheit in einem Computer, 1 oder 0. Ein Bit kann zwei Zustände definieren: Ein oder Aus.

bps

Bits per second. Theoretische Geschwindigkeit des Datentransfers im Netzwerk. Ein direkter Vergleich zweier Netzwerke ist damit allerdings nicht immer möglich, da beim Senden des gleichen Jobs teilweise unterschiedliche Kontrollinformationen gesendet werden.

Browser

Programm, mit dem man Daten von www-Servern abrufen und sichtbar machen kann. Der plattformabhängige Browser (Betrachter) erkennt die Tags (Markierungen), welche alle Textauszeichnungen und Formatierungen einer HTML-Datei steuern und stellt das Dokument am Bildschirm den Tags entsprechend dar. Multimediafunktionen werden als Links (Referenz) auf die entsprechende Datei eingebunden. Wenn der Browser auf eine solche Referenz stößt, wird das entsprechende Softwaremodul gestartet, damit solche Dateien ebenfalls am Bildschirm dargestellt werden. Ohne Zusätze können die Browser nur GIF- und JPEG-Dateien zeigen.

Byte

Eine Maßeinheit, die 8 Datenbits entspricht. Dies ist die Standardmaßeinheit für die Größe von Dateien.

CAD

Computer Aided Design. Computer gestütztes Entwerfen, Zeichnen, Konstruieren und Planen mit speziell dafür geschriebener Software.

CD-ROM (read only memory)

Speicherplatte auf laseroptischer Basis, nicht überspielbar.

Datei

Der Begriff für eine logisch organisierte und geschlossene Ansammlung von in sich relevanten Computerdaten.

Digital

Daten die aus einzelnen Stufen bestehen, im Gegensatz zu kontinuierlich variierenden analogen Daten.

Digitaldruck

Inpress-Bebilderung auf eine flüchtige Druckform. Man spricht dann von Digitaldruck, wenn das Drucksystem direkt über eine Schnittstelle an einen Rechner angeschlosssen ist, in dem die Druckdaten gespeichert sind. Zudem müssen die grafisch aufbereiteten Daten unmittelbar auf den Bedruckstoff aufgebracht werden – Zwischenstufen wie Platten entfallen dabei.

Ein weiteres Merkmal ist der so genannte „dynamische Druckzylinder". Damit ist die Fähigkeit digitaler Drucksysteme gemeint, bei jeder Zylinderumdrehung ein geändertes oder neues Druckbild zu erzeugen.

Digitalproof

Die Herstellung von Seitenandrucken direkt anhand gespeicherter digitaler Daten ohne Filmauszüge. Beispiele hierfür sind Laser-, Tintenstrahl-, Thermotransfer- und Farbsublimationsdrucke.

DOS

Disk Operating System. Das für PCs mit Intel CPU (Prozessor) gebräuchlichste Betriebssystem ist Industriestandard.

DTP

Desktop-Publishing. Allgemein anerkannter Begriff für die PC-basierte Herstellung von Publikationen (Satz, Grafik, Bild).

DVD

Digital Video Disk. Speichermedium mit einem maximalen Speichervolumen von 7,2 Gigabyte.

EPS

Darunter versteht man die Abspeicherung von Daten (z.B. einem Layout) in einem bestimmten Format.

File

Englischer Ausdruck für „Datei".

Floppy Disk
Diskette. Gebräuchlich sind heute die Formate von 5,25“ und 3,5“ mit bis zu 2,8 MB Speicherkapazität.

HTML
Hype Text Markup Language. Die ursprünglich am CERN (Europäisches Zentrum für Hochenergiephysik) in Genf entwickelte Standardsprache für das elektronische Publizieren. HTML ist eine Weiterentwicklung von SGML.
HTML-Dokumente sind Plattform übergreifend. Es spielt keine Rolle, mit welchem Betriebssystem und welchem Programm eine Datei erstellt wurde. Um diese Plattformunabhängigkeit zu erreichen, bestehen HTML-Dateien aus reinem ASCII-Text und können mit jedem ASCII-Editor gelesen und bearbeitet werden. Alle weiteren Daten (Grafik, Audio, Video) werden mit internen Links (Referenzen) eingebunden. Dabei werden Dateiformate verwendet, die ebenfalls auf allen Computerplattformen verfügbar sind. Der verwendete Browser (Betrachter) ist hingegen Plattform abhängig.

Illustrator
Grafikprogramm von Adobe.

ISDN
Integrated Services Digital Network. Ein von der Telekom unterhaltenes Netz, das sowohl für den Fernsprechverkehr als auch für die Datenfernübertragung eingesetzt wird und Grundlage für praktisch alle Fernmeldedienste ist. Mit ISDN werden digitale Daten übermittelt. Diese Daten der Seiten, Bilder und Texte werden ohne jede Umformung gesendet. Ein Modem ist deshalb nicht erforderlich. Im Rechner ist eine ISDN-Karte notwendig, um diesen Datentransfer zu gewährleisten. So ist eine schnellere Datenübertragung möglich.

Kompatibilität
Verträglichkeit. Wird auf einen Standard oder eine standardisierte Bauweise bezogen, die einen problemlosen Austausch von Daten oder die Wirkungsweise zwischen Geräten erlaubt.

Komprimierung

Die Verringerung der Größe einer Bilddatei für die Speicherung ohne Beeinträchtigung der Bildqualität.

Laserdrucker

Angewandte Lasertechnologie für mittlere bis hohe Druckqualität. Der Laserstrahl erstellt ein statisches Bild auf einer magnetisierten Trommel, die dann ionisierte Schwärzepartikel auf durchlaufendes Papier transferiert. Durch Hitze wird der aktivierte Toner auf das Papier „gebacken".

LCD

Liquid Crystal Display. Anzeige oder Bildschirm mit Flüssigkristallen. Stromsparendes Bildschirmsystem.

Links

Verbindungen, Verknüpfungen. Links sind Verweise auf andere Stellen einer Datei, die der Anwender per Mausklick ansteuert. Im Gegensatz zum Hypertext-Verfahren fungieren Links im World Wide Web auf Wunsch auch als Verweise auf andere Rechner im Internet oder andere Internet-Dienste.

Modem

Modulatordemodulator. Ein Gerät zur Verbindung eines Rechners mit einer Telefonleitung zum Zwecke der Datenübertragung via Telefon. Daten werden zur Übertragung „moduliert" und beim Empfänger in Originalform „demoduliert".

PDF

Portable Document Format. 1993 von Adobe entwickeltes Plattform- und programmunabhängiges Datenaustauschformat, das auf der PostScript-Technologie aufbaut.

Photoshop

Bekanntes Bildbearbeitungsprogramm der Firma Adobe.

Pixel

Bildelement. Kleinste Bilddateneinheit.

Platzhalter
Ein niedrigauflösendes Bild, das in einem Dokument positioniert wird, um anzugeben, wo und wie die endgültige Version des Bildes positioniert wird (= Standvorgabe).

Power Point
Bekanntes Präsentationsprogramm von Microsoft.

RAM
Random Access Memory. Der Speicher eines Computers, in dem die zum jeweiligen Zeitpunkt bearbeiteten Daten gespeichert sind. Dies ist ein flüchtiger Speicher, dessen Inhalt verloren geht, wenn der Strom abgeschaltet wird.

Rastern
Die Simulation von Halbtonbildern durch Verwendung von schwarzen oder überlappenden Prozessfarben-Punkten verschiedener Größe oder Position.

Rasterweite
Die Rasterweite ist die Anzahl der (Raster-)Linien pro cm, gemessen entlang des Rasterwinkels bzw. der Punktdiagonalen. Ein 80er Raster besetzt 80 Rasterlinien pro cm (80 L/cm).

ROM
Read Only Memory. Nur-Lese-Speicher. Ein Speichertyp, der seinen Inhalt dauerhaft unverändert beibehält, auch bei Unterbrechung der Stromversorgung, z.B. CD-ROM.

Server
Hauptrechner. Der Server erbringt für die übrigen Stationen (Clients) bestimmte Leistungen. Beispielsweise werden von den einzelnen Stationen die Daten zentral gespeichert, der Datentransfer des Netzwerkes kontrolliert und die verschiedenen Peripheriegeräte angesteuert.

Subtraktive Primärfarben
Die beim Druck zur Herstellung verschiedener Farben verwendeten Druckfarben (Cyan, Magenta und Yellow). Im Ge-

gensatz zu den additiven Primärfarben erzeugen diese bei Mischung dunklere Farben.

Windows
Grafische Benutzeroberfläche von Microsoft zum Betreiben von Anwenderprogrammen, die DOS benötigt.

www
World Wide Web. Dieser attraktivste, weil Multimedia- und grafikfähige Teil des Internets basiert auf der Dokumentenbeschreibungssprache HTML.

Zeitungsformate
Die wichtigsten Zeitungsformate in Deutschland (nach Wolfgang Walenski: „Der Rollenoffsetdruck", Fellbach 1995, S. 83)

Rheinisches Format	65 x 510 mm
(5 - 6 Grundspalten)	
Halbes Rheinisches Format	255 x 365 mm
(4 Grundspalten)	
Berliner Format	315 x 470 mm
(5 Grundspalten)	
Norddeutsches oder Nordisches Format	400 x 570 mm

Kennzeichen wichtiger Papiersorten
Mit freundlicher Genehmigung der igepa, entnommen aus der Broschüre „Über Papier-Rohstoffe/Herstellung/Einsatz", 3. Auflage, 1994.

– Die Stoffzusammensetzung.
  Je nach Art der verwendeten Rohstoffe unterscheidet man hadernhaltige, holzfreie und holzhaltige Papiere. Da sich aber jedes mit jedem beliebig mischen lässt, ist die Anzahl der Varianten entsprechend groß.
– Hadernpapiere, also Papiere, die zu 100% aus Leinen- oder Baumwolllumpen bestehen, sind die teuersten Feinpapiere überhaupt und dementsprechend selten. Gebräuchlicher sind hadernhaltige Papiere, zum Beispiel für Wert- und Bibeldruckpapiere sowie hochwertige Bankpostpapiere.
– Holzfreie Papiere bestehen aus Zellstoff. Feine Bücher- und Zeichenpapiere sind manchmal auch mit einem Hadernzu-

satz veredelt. Holzfreie Papiere haben gegenüber den holzhaltigen entscheidende Vorteile. Die Fasern sind länger und
elastischer, das Papier ist fester und besser zum Veredeln
geeignet. Und es vergilbt wesentlich langsamer. Die Pa-
pierindustrie hat Hilfsstoffe entwickelt, um Papiere alte-
rungsbeständiger zu machen.
– Holzhaltige Papiere enthalten vorwiegend Holzschliff, meist
mit einem mehr oder weniger großen Zellstoffanteil. Bei
entsprechend geringen Holzschliffanteilen spricht man von
„leicht holzhaltigen" bzw. „fast holzfreien" Papieren.

DIN Formate

Reihe A in mm		Zusatzreihe B in mm		Zusatzreihe C in mm	
A 0	841 x 1189	B 0	1000 x 1414	C0	917 x 1297
A 1	594 x 841	B 1	707 x 1000	C1	648 x 917
A 2	420 x 594	B 2	500 x 707	C2	458 x 648
A 3	297 x 420	B 3	353 x 500	C3	324 x 358
A 4	210 x 297	B 4	250 x 353	C4	229 x 324
A 5	148 x 210	B 5	176 x 250	C5	162 x 229
A 6	105 x 148	B 6	125 x 176	C6	114 x 162
A 7	74 x 105	B 7	88 x 125	C7	81 x 114
A 8	52 x 74	B 8	62 x 88	C8	57 x 81
A 9	37 x 52	B 9	44 x 62		
A10	26 x 37	B10	31 x 44		

Rillen und Falzen

Broschürenumschläge und andere Drucksachen auf relativ
dicken Bedruckstoffen müssen vor dem Falzen in der Regel
gerillt werden. Die Rille im Bedruckstoff macht das Falzen des
Materials leichter. Auf Rollenmaschinen erfolgt das Rillen und
Falzen meist direkt nach dem Druckvorgang. Auf Bogendruckmaschinen gedrucktes Material wird zu diesem Zweck
mit getrennten Maschinen bearbeitet.

Zusammentragen, Binden und Beschneiden

Für Bücher, Magazine oder Broschüren werden die Druckbogen zu so genannten Falzbogen gefalzt, die zusammengetra-

gen, zu Buchblöcken gebunden und dann beschnitten werden.

Verschiedene Operationen

Drucksachen, die nicht gebunden werden, z. B. Aufkleber, Handzettel etc. erfordern in der Regel andere Formen der Weiterverarbeitung. Eine einheitliche Weiterverarbeitung gibt es nicht. Hierzu können ein oder mehrere Arbeitsgänge wie Schneiden, Stanzen oder Prägen etc. gehören.

5.3. FFF

a) Filmformate
- 70mm
  Qualitativ hochwertiges und somit sehr teures Filmmaterial (Zelluloid). Wurde Anfang der 90er Jahre entwickelt und wird in den USA für Spielfilmproduktionen getestet und benutzt.
- 35mm
  Gängigstes Filmmaterial für die meisten Spielfilme (Kino) und Werbespots.
- 16mm
  Günstigere Variante zu 35mm mit einer etwas körnigeren/ gröberen Auflösung. Die meisten Fernsehproduktionen und Low-Budget-Spielfilmproduktionen werden damit gedreht.

b) Videoformate
  D1, D2, D3, D5
  Digitale Videoformate, die in der Videoendfertigung (Post-Production) und Archivierung eingesetzt werden. Bieten eine sehr hohe Qualität, da man sie quasi ohne Qualitätsverlust kopieren kann.
- Digital Betacam (Digi Beta)
  Billiger und handlicher als D1 bis D5. Bietet die beste Sendequalität. Die meisten Fernsehsender rüsten derzeit auf dieses Format um (jetzt: Betacam SP).
- Betacam SP

Format für Post-Production und aktuelle Berichterstattung.
- U-Matic
Übliches Videoformat für Layouts, Castings, Schnittversionen und Spotzusammenstellungen. U-Matic ist das einzige Format, auf dem in der FFF geschnitten werden kann.
- VHS (Video Home System)
Gebräuchlichstes Format im nicht professionellen (Consumer-)Bereich. Verhältnismäßig schlechte Bild- bzw. Tonqualität.

c) Audioformate
- MC (Music Cassette)
Tonträger für den Hausgebrauch und Belegkopien.
- CD (Compact Disc)
Hochwertiger und weit verbreiteter Tonträger für Consumer- und Profibereich.
- DAT (Digital Audio Tape)
Hochwertiger Tonträger – Standardformat in allen professionellen Tonstudios.
- Senkel (38er)
Altes Format auf Spulen gewickelt, extrem unpraktisch und zeitraubend in puncto Handling.

d) Fernsehsystem bzw. -normen
Weltweit gibt es drei Fernsehnormen, die sich in der Auflösung des Fernsehbilds durch ihre Bandgeschwindigkeit und verschiedene Systeme der Farbwiedergabe unterscheiden:
- PAL
In Europa und diversen anderen Ländern übliche Fernsehnorm.
- NTSC
In Nord- und Mittelamerika, Japan und einigen weiteren Ländern übliche Fernsehnorm, nicht mit PAL kompatibel.
- SECAM
In Frankreich und französischsprachigen Ländern übliche Fernsehnorm (mit PAL teilweise kompatibel).

5.4. Media

AC Nielsen
Amerikanisches Marktforschungsinstitut mit deutscher Niederlassung in Frankfurt/Main, spezialisiert auf Handelsforschung. A.C. Nielsen Werbeforschung SP in Hamburg als Tochtergesellschaft von A.C. Nielsen hat sich die Werbebeobachtung zur Aufgabe gemacht. Hier werden die Brutto-Werbeumsätze der wichtigsten Mediengattungen (TV-, Publikums- und Fachzeitschriften, Tageszeitungen, Funk, Plakat) und Werbeträger nach Wirtschaftsbereichen, Produktgruppen und -familien sowie nach Firmen und Marken erfasst.

AE (Übersetzung?)
Agenturvergütung, auch Mittlerprovision genannt. In der Regel 15% des Werbevolumens, welche die Agentur für ihre Mittlerfunktion zwischen Kunde und Medium sowie für ihre Haftung gegenüber dem Medium erhält.

Affinität
Anteil der Zielgruppe an der Gesamtnutzerschaft eines Mediums. Je höher die Affinität, umso geringer die Fehlstreuung des Mediums.

AGMA
Arbeitsgemeinschaft Mediaanalyse e.V. Ein Zusammenschluss von Werbungtreibenden, Agenturen und Medien mit dem Ziel, die Leistung von Werbeträgern und deren Nutzern zu analysieren. Die zweimal jährlich durchgeführte Untersuchung nennt sich Mediaanalyse (MA). Die hier erhobenen Daten werden in der Branche als die gültige Mediawährung für Print und Funk anerkannt.

AWA
Allensbacher Werbeträgeranalyse. Diese vom Institut für Demoskopie in Allensbach jährlich durchgeführte Markt- und Mediaanalyse hat das Ziel, die Medianutzung und das Konsumverhalten von Personen ab 14 Jahren aufzuzeigen. Unterschiede zur MA: niedrigere Fallzahl, Quota- statt Random-Stich-

probe, ein breites Fragen-Spektrum zu Lifestyle, Produkt- und Markenverwendung.

Brutto-Reichweite

Summe aller Kontakte bzw. Kontaktchancen von Personen mit einem Medium oder mehreren Medien (also auch mit einem oder mehreren Werbemitteln) in Millionen oder Prozent (GRP). Bei Mehrfachbelegung eines Mediums oder mehrerer Medien werden die einzelnen Reichweiten ohne Berücksichtigung interner und externer Überschneidungen addiert. Somit ist aus der Brutto-Reichweite nicht ersichtlich, wie oft dieselben Personen erreicht wurden. Formel GRP: Brutto-Reichweite x Frequenz oder Netto-Reichweite x Durchschnittskontakt.

Cluster-Analyse

Statistisch-mathematisches Verfahren, das Personen mit ähnlichen Merkmalen zu möglichst homogenen Gruppen zusammenfasst (Typologie).

Cost per GRP

Kosten pro GRP. Kosten, die anfallen, um ein Prozent der Zielgruppe pro Kontakt zu erreichen. Im Bereich TV wird der Cost per GRP meist auf Basis des 30sec.-Preises berechnet. Dieser Wert ist Maßstab für die Wirtschaftlichkeit eines Mediums.

Durchschnittskontakte

Kontaktdosis, OTS (opportunity to see), durchschnittliche Kontakthäufigkeit. Gibt an, wie oft eine Person bei Mehrfachbelegung eines Mediums oder mehrerer Medien im Durchschnitt erreicht wurde. Formel: Brutto-Reichweite geteilt durch Netto-Reichweite.

Evaluierung

Analyse der Leistung von Mediaplänen/Kampagnen.

FSK

Freiwillige Selbstkontrolle der Filmwirtschaft. Überprüft jedes Kinomasterband auf moralische Unbedenklichkeit und erteilt danach eine Freigabe.

Gross Rating Point (GRP)

Werbedruckmaß: GRP ist der Anteil aller erreichten Personen (Reichweite in %) multipliziert mit dem Durchschnittskontakt. Je höher der GRP, umso stärker der Werbedruck.

Infomercial

Dauerwerbesendung, die in der Werbeinsel redaktionell präsentiert wird. Im Gegensatz zu Telepromotion steht der informative Charakter im Vordergrund. Diese Sonderwerbeform muss den Werberichtlinien entsprechend gekennzeichnet sein (Einblendung „Werbesendung").

Korrelation

Statistischer Zusammenhang zwischen zwei oder mehreren Merkmalen, die in einer Wechselwirkung zueinander stehen.

Kumulation

Anhäufung. In der Mediaplanung Analyse der aufsummierten Brutto-/Netto-/Reichweite/Durchschnittskontakte nach einer bestimmten Anzahl von Schaltungen.

LAE

Leseranalyse Entscheidungsträger. Von der GWA durchgeführte Markt-Media-Analyse, die für ausgewählte Werbeträger das Nutzungsverhalten der qualitativ hochwertigen Zielgruppe von Entscheidern in wirtschaftlichen und staatlichen Institutionen untersucht (Fallzahl etwa 10.000).

MA (Media Analyse)

Die Medianalyse ist die Leitstudie zur Bestimmung und Bewertung des Medien- und Werbeträgerangebotes in Deutschland. Es werden Mediennutzung, Soziodemographie, sowie eine Reihe von Merkmalen über das Konsum- und Freizeitverhalten auf Basis von ca. 30.000 persönlichen face-to-face Interviews dargestellt.

Media-Strategie

Diese bildet die Rahmenbedingungen für eine sinnvolle Werbeträgerauswahl (Media-Mix, Zeitraum der Kampagne, Verteilung des Werbedrucks). Folgende Zielhierarchie sollte stets eingehalten werden:

1. Marketing-Ziele
   Stellung im Markt (Absatz, Umsatz, Marktanteil etc.)
2. Werbe-Ziele
   Wirkung auf den Verbraucher (Bekanntheit, Image, Emotionen, Präferenzen etc.)
3. Media-Ziele
   Erreichen der Zielpersonen (Reichweite, Kontaktgrößen etc.)

Media-Untersuchungen

- Mediaanalyse (MA)
- Allensbacher Werbeträgeranalyse (AWA)
- Verbraucheranalyse (VA)
- Leseranalyse-Entscheidungsträger (LAE)
- Gfk-Panel (Zuschauerforschung)
- Typologie der Wünsche (BURDA)
- Kommunikationsanalyse (Brigitte)
- Dialoge (Stern)
- Prozente (Spiegel)

Netto-Reichweite

Bezeichnet die Nutzer eines Mediums oder mehrerer Medien in Millionen oder Prozent, die mindestens einmal erreicht wurden. Bei Mehrfachbelegung eines Mediums oder mehrerer Medien werden alle Nutzer, die mindestens einmal erreicht wurden, nach Abzug von internen und externen Überschneidungen addiert (kumulierte Netto-Reichweite). Jede Person wird also unabhängig davon, wie oft sie erreicht wurde, nur einmal gezählt. Die Formel dazu lautet: Brutto-Reichweite geteilt durch Durchschnittskontakte.

Prime Time

Bezeichnet die Hauptsendezeit im TV, in der Regel 20.00 bis 23.00 Uhr. Im Hörfunk liegt sie zwischen 6.00 bis 9.00 Uhr morgens.

Product Placement

Platzierung von Markenartikeln, Dienstleistungen oder bekannten Firmenlogos in TV- und Kinoproduktionen. In Deutschland ist Product Placement gemäß Rundfunkstaatsvertrag sowohl bei den öffentlich-rechtlichen als auch bei den privaten Sendern verboten.

Rating

Branchenüblicher Begriff für Sehbeteiligung.
Prozentsatz eingeschalteter TV-Geräte, bezogen auf alle vorhandenen Geräte pro Sendung. Hohes Rating: ökonomischer Einsatz eines TV-Senders zu a) einem bestimmten Zeitpunkt oder b) zum gesamten TV-Einsatz.

Reichweite

Anteil der Zielpersonen, die durch einen Werbeträger oder durch eine Werbeträgerkombination mindestens einmal erreicht werden.

Share of Advertising (SOA)

Anteil der Werbeinvestitionen einer Kampagne/Marke an den Werbeinvestitionen eines definierten Gesamtmarktes (Konkurrenzumfeld).

Sonderwerbeformen

Verschiedene Arten der TV-Werbung, die über die klassische Spotwerbung hinausgehen. Dazu gehören z.B. Dauerwerbesendungen (Infomercial, Telepromotion, Teleshopping und Sponsoring).

Streuplan

Überblick über die Verteilung einzelner Werbemaßnahmen innerhalb einer Kampagne über ein Jahr (d.h. zu welchem Zeitpunkt, in welchem Zeitraum, mit welcher Frequenz und in welchen Werbeträgern, welche Werbemittel eingesetzt werden).

Tandemspot

Zwei oder mehr Spots mit identischer oder sich ergänzender

Werbebotschaft, die in kurzer Abfolge innerhalb eines Werbe-
blocks ausgestrahlt werden, um die Werbewirkung zu er-
höhen. Tandemspots können sowohl im TV als auch im Hörfunk gesendet werden.

Teaser
Bezeichnet ein aufmerksamkeitssteigerndes Werbeelement,
wodurch Interesse geweckt werden soll. In der Regel wird der
Teaser vor der eigentlichen Kampagne geschaltet.

Timeslot
Sendezeit im TV, in der ein bestimmtes Programm gesendet
wird (Zeitschiene).

TKP
Tausend-Kontakt-Preis. Bezeichnet die Kosten, um 1.000 Kontakte in der Zielgruppe zu erreichen. Maßstab für Rentabilität
und Wirtschaftlichkeit eines Mediums. Formel: Kosten in DM
x 1.000 geteilt durch Bruttoreichweite (Anzahl der Kontakte).

VA
Verbraucheranalyse. Jährlich durchgeführte Markt- und Mediaanalyse des Bauer- und Springer Verlags, die die Medianutzung und das Konsumverhalten von Personen ab 14 Jahren untersucht. Unterschiede zur MA: deutlich niedrigere Fallzahl, ca. 22.000 Personen, ein breites Spektrum an Fragen zu
Lifestyle, Produkt- und Markenverwendung.

Werbeblock/Werbeinsel
Besteht laut Werberichtlinien aus mindestens zwei Werbespots. Unterscheidung zwischen Flankierer- oder Scharnier-
spots, die vor oder nach einer Sendung platziert sind.

Werbedruck
(Quantitatives) Ausmaß der Konfrontation der Zielgruppe mit
Werbeträgern und Werbemitteln. Messung durch Befragung
oder anhand des finanziellen Volumens für Werbeinvestitionen innerhalb eines bestimmten Zeitraums (Share of mind).

Werbemittel

Form der werblichen Botschaft, z.B. Anzeige, TV-Spot, Funk-Spot, Plakat. Die Werbewirkung wird entscheidend davon beeinflusst, in welchem Maß man die Gesetzmäßigkeiten eines Werbemittels und/oder Werbeträgers berücksichtigt.

Zielgruppe

Eine nach demographischen, psychographischen oder Verwendungs-/Kaufgewohnheiten definierte Personengruppe, die durch einen Werbeeinsatz angesprochen werden soll. Die Zielgruppe ist überwiegend mit dem potenziellen Käufer oder Konsumentenkreis identisch.

5.5. Direktmarketing

Adressanmietung

Ein oft von Adressbrokern vermittelter Vertrag zwischen Listeneigner und Anwender, wobei der Eigner dem Anwender Namen und Adressen – meist für eine einmalige Anwendung – überlässt und dafür einen bestimmten Preis pro Tausend Adressen berechnet.

Adresslisten

Das sind Namen und Adressen von Einzelpersonen und Unternehmen mit besonderen Interessen oder Kaufhistorien. Es gibt drei Arten von Adresslisten: Hauslisten, Postkäuferlisten und Datenbanklisten.

Database

Eine Database ist eine Sammlung von, in einem Computer gespeicherten, Informationen, auf die bei Bedarf rasch zugegriffen werden kann. In einer Database können (neben Namen und Adressen) vielfältigste Informationen abgelegt werden, beispielsweise Datum des letzten Einkaufs, Einkaufshäufigkeit, Kinderzahl etc. sowie Einträge, nach denen einzelne Kriterien oder Kombinationen von Kriterien sortiert werden.

CPI (Cost per Interest)

Kosten, die durch die Aufnahme von interessierten potenziellen Verbrauchern in die Adressdatei entstehen. Diese Kosten inkludieren nicht nur die Erfassung, sondern auch das vorangegangene Werbemittel bzw. dessen Streuung, welches das Interesse ausgelöst hat.

CPO (Cost per Order)

Kosten, die durch eine eingehende Bestellung entstehen. Hierin sind nicht nur die Abwicklungskosten, sondern auch die Kosten des Werbemittels bzw. dessen Streuung, welches die Bestellung ausgelöst hat, enthalten.

Deckadressen

Adressen, die vom Eigner einer Adressliste auf die Liste gesetzt werden, um sicherzustellen, dass die gemietete Liste tatsächlich nur entsprechend den vertraglichen Vereinbarungen (Nutzungshäufigkeit, Werbemittel, Versender usw.) genutzt wird.

Dublette

Doppel- oder Mehrfacheintrag in einer Adressliste.

Early Bird

Beliebtes Instrument zur Responsesteigerung. Die Begehrlichkeit des Produktes wird durch eine mögliche Zugabe gesteigert. Diese Zugabe ist quantitativ limitiert. Z.B. „die ersten 100 Anrufer erhalten …“.

Fulfillment

Umfasst im Direktmarketing alle nach Eingang eines Kundenauftrages anfallenden Aktivitäten, z.B. Annahme des Auftrags, Eingabe der Bestellung in den Computer, Zusammenstellung der Lieferung, ihre Verpackung, Etikettierung und den Versand, die gesamte Fakturierung, Kundendienst und Eingabe der für die Analyse der Kampagne notwendigen Daten.

Handlungsauslöser (action device)

Handlungsauslöser provozieren den Leser zu einer Reaktion. Beispielsweise dazu, ein mit „Ja“, „Nein“ oder „Vielleicht“ markiertes Kästchen auf dem Bestellformular anzukreuzen oder einen Münze-Sticker abzuziehen und auf das Bestellformular aufzukleben. Ziel ist es, den potenziellen Käufer dazu zu bringen, sich aktiv mit dem Mailing zu beschäftigen.

Infopost/Infobrief

Neues Konzept der Deutschen Post AG, das bei kleineren (ab 50 inhaltsgleichen Sendungen = Infobrief) und großen (ab 5.000 inhaltsgleichen Sendungen = Infopost) Mengen von inhaltsgleichen Wertbriefen bis zu 70% der Portokosten im Vergleich zum Normaltarif spart. Bei den Infopostsendungen müssen bestimmte Kriterien der Post bzgl. Vorsortierung, Auslieferung und Mindestmenge eingehalten werden.

Johnson-Box

Ein Textblock am Anfang eines Werbebriefes, der eine besondere Aussage oder ein Angebot hervorhebt. Wird heute oft so gedruckt, dass der Eindruck entsteht, die Botschaft sei handschriftlich hinzugefügt worden.

Kennziffer/Codierung

Eine auf ein Bestellformular, einen Coupon oder ein anderes Responsemittel aufgedruckte Zahlenreihe oder alphanumerischer Code zur Bestimmung der Response Quote eines Angebotes zum Vergleich mit anderen Angeboten (oder eines Werbeträgers im Vergleich zu einem anderen).

Lettershop

Ein Dienstleister, der die gesamte Konfektionierung von Werbemitteln erledigt. Vom Adressausdruck über die Etikettierung, das Falzen, das Kuvertieren, Frankieren und Sortieren der Umschläge bis hin zur Postauslieferung.

Responsequote

Die Rücklaufquote gibt die Gesamtresonanz auf eine Direktmarketing-Kampagne an. Ausgedrückt als Prozentsatz aller ausgesandten Mailings oder aller Kontakte mit Lesern, Hörern oder Zuschauern. Als Response gelten sowohl Bestellungen als auch Anfragen, die in eine Bestellung münden können.

Robinson-Liste
Eine vom Deutschen Direktmarketing-Verband (DDV) erstellte und regelmäßig aktualisierte Liste, in der Personen eingetragen werden, die keine adressierte Haushaltswerbung erhalten möchten.

Selektion
Strukturierung von Zielgruppen nach groben und feineren Kriterien. Grobselektionskriterien: Industrie, Handel, Dienstleistung, Handwerk, Behörden, Institutionen, Privatpersonen. Feinselektionskriterien: Branche, Umsatz, Zahl der Mitarbeiter, Funktionsinhaber, Tätigkeitsbereich, Kaufkraft, Bonität usw.

Selfmailer
Selfmailer (Faltbriefsendungen oder Doppelpostkarten) sind voradressierte Responsemittel, meist mit aufgedrucktem Bestellfeld, die ohne Kuvert direkt an den Versender zurückgeschickt werden können.

Tip-on-Werbemittel
Eine Warenprobe oder Antwortkarte, die auf ein Mailing aufgespendet sind.

5.6. Multimedia

Banner
Bezeichnet das gängigste Format von Werbemöglichkeiten im Internet. Es gibt Half- und Full-Banner, die sich lediglich in Größe und Preis unterscheiden.

CD-ROM
Compact-disc-read-only-memory: Eine Platte, im Aussehen einer Musik-CD ähnlich, mit Speicherplatz bis zu 650 MB. Eignet sich auch für sehr aufwendige Programme und Anwendungen. Kann auf einem CD-ROM-Laufwerk, welches an einen PC angeschlossen ist, nicht aber über einen CD-I-Player abgespielt werden.

CD-I (Compact-Disc-Interactive)
CD-I-Scheiben sehen genauso aus wie CD-ROMs, haben aber ein anderes Datenformat und lassen sich deshalb nicht auf CD-ROM-Laufwerken abspielen.

Interaktives Fernsehen
Bezeichnet in erster Linie eine Form des Fernsehens, in der Zuschauer ihr Programm selbst bestimmen.

Interstitials
Bildschirmfüllende Unterbrecher, die der User nicht ignorieren kann.

Modem
Gerät, das an einen PC angeschlossen werden kann und die Übertragung von Daten an einen anderen Computer und umgekehrt erlaubt.

Online-Dienst
Dieser bietet PC-Nutzern den Austausch von Informationen (z.B. Compuserve, AOL, T-Online).

Pay-on-Demand/Pay-per-View
Damit wird das Bezahlen für das persönlich angeforderte Programm beim interaktiven Fernsehen bezeichnet.

Internet
Abk. für International Network. Dieses globale digitale Netzwerk verknüpft hauptsächlich Rechner in Forschungszentren, aber auch immer mehr Unternehmen und Privatpersonen. Die Teilnehmer versenden ihre elektronische Post nach einem bestimmten Protokoll und erhalten Zugang zu digitalen Archiven und Diskussionsforen.

Intranet
Kommunikationsnetzwerk eines Unternehmens, das auf Internet-Standards aufbaut und nach außen hin durch einen „Firewall" gesicherheit und abgeschirmt ist.

6. Allgemeine Literaturhinweise

6.1. Bücher

Gabler Lexikon Werbung
FBO-Fachverlag für Büro- und Organisationstechnik.

Ganz kreativ 97/98: Kampagnen, Köpfe, Agenturen. Di Trends
der deutschen Werbung.
Ueberreuther Wirtschaftsverlag.

Effizienz in der Werbung 1994
märkte & medien verlagsgesellschaft mbh.

Entstehung und Entwicklung kreativer Werbeideen: Verbale
und visuelle Assoziationen als Grundlage der Bildentwicklung
erlebnisbetonter Werbung.
Physica-Verlag.

Die Werbeagentur: Kompetenz und Kreativität – Werbung als
Profession.
ECON Verlag GmbH.

Das Marketinglexikon: Von A wie Absatzstrategie bis Z wie
Zwei-Stufen-Werbung.
Rolf Strauch. Wilhelm Heyne Verlag.

Das Arbeitsfeld Werbung: Berufe – Ausbildung – Einsatz.
Lothar Weeser-Krell/M. Ploetz. Peter Lang GmbH, Europäi-
scher Verlag der Wissenschaften.

Anzeigentrends: Von der Reklame zum Kultmarketing. Ein Bil-
derlesebuch über die Qualität der Werbung. Was bleibt, was
geht, was kommt.
Art Directors Club Verlag GmbH.

ADC-Buch 2001: Die beste deutsche Werbung.
Herrmann Schmidt. Art Directors Club Verlag GmbH.

Handbuch Marketing – Kommunikation
FBO-Fachverlag für Büro- und Organisationstechnik GmbH.

Jahrbuch der Werbung 2000
ECON Verlag GmbH, München.

Kleines Verlagslexikon: Die wichtigsten Begriffe aus den Bereichen Anzeigen, Herstellung und Werbung.
Jochen Kraeft/Frank Kautter. Edition Heitere Poetik im Verlag.

Ogilvy über Werbung: Der Klassiker! Biographie des Begründers von Ogilvy & Mather, der mit 38 Jahren als arbeitsloser Bauer und ehemaliger Koch das erste Büro der Ogilvy & Mather Networks eröffnete, welches heute zu den fünf größten Networks der Welt zählt.
ECON Verlag GmbH.

Rechts-Ratgeber Werbung
WRS Verlag Wirtschaft, Recht und Steuern GmbH & Co.

Werbung mit postalischen Mitteln: Erlaubt oder verboten?
Dietmar Wolff. Edition ZAW Zentralverband der deutschen Werbewirtschaft.

Werbeträger - Handbuch für die Mediapraxis
Wolfgang Michael Reiter. Verlag MD Medien Dienste.

6.2. Fachzeitschriften

Horizont
Zeitung für Marketing, Werbung und Medien. Wöchentliche Erscheinungsweise.
www.horizont.de

w&v
Der Marktführer unter den Fachtiteln, erscheint wöchentlich. Ideal für den Neuling, um in das Werbegeschehen hineinzuschnuppern.
www.wuv.de

New Business
Fokussiert auf aktuelle Etatverschiebungen und neue Kampagnen. Wöchentliche Erscheinungsweise.
www.new-business.de

Der Kontakter
Wöchentlich, im A4 Format, erscheinende Publikation. Enthält hauptsächlich für den Bereich Kundenberatung relevante Informationen.
www.kontakter.de

Kress Report
Wöchentlich erscheinendes Fachblatt für Journalisten, Redakteure und alle anderen Mitglieder der schreibenden Zunft.
www.kress.de